Andana
editorial

El Maquinista

La traducción de esta obra ha recibido una ayuda del Ministerio de Cultura y Deporte de España.

GOBIERNO DE ESPAÑA

MINISTERIO DE CULTURA

DIRECCIÓN GENERAL DEL LIBRO, DEL CÓMIC Y DE LA LECTURA

Título original: *Una aventura molt peluda*, 2021
Esta obra ha recibido el III Premi de narrativa infantil Enric Lluch Ciutat d'Algemesí

© del texto: Elisabet Roig
© de las ilustraciones: Javier Lacasta Llácer
© de la traducción: Maria Viu
Revisión lingüística: Leticia Oyola

© *Andana Editorial*
  Av. Aureli Guaita Martorell, 18
  46220 Picassent
  andana@andana.net - www.andana.net
  Tlf. 962 48 43 82

1.ª edición: marzo de 2024
ISBN: 978-84-19913-30-2
Depósito legal: V-340-2024
Impreso por Impressa

Una aventura peliaguda

Elisabet Roig

dibujos de

Javier Lacasta Llácer

PREMI DE NARRATIVA INFANTIL ENRIC LLUCH CIUTAT D'ALGEMESÍ

De la cosa rarísima que pasó hace un año

Hace un año pasó una cosa muy rara. Rarísima. Si te la cuento es porque fue una cosa superrara. Y no se la he contado a nadie todavía. Pero ya no me la puedo callar más. Porque ahora mismo tengo un miedo que no me aguanto. Y, oye, que ya está bien. Que no fue ni medio normal y no entiendo por qué tenemos que fingir todos en casa que sí fue normal.

A ver. Que te lo cuento. Eso sí: tú no se lo puedes contar a nadie más. Es un secreto entre tú, que has encontrado esta libreta, y yo, que estoy cagadito de miedo escribiéndola porque ahora mismo estamos todos en peligro.

Pero primero te pongo en situación. ¿Empezamos?

Fue más o menos por esta época, un poco antes quizás, cuando a mi hermano Nacho le empezó a crecer

5

mucho el pelo. Pero cuando digo *mucho* quiero decir *mucho de verdad*. Mucho más de lo que debería. Porque una cosa es llevar el pelo largo como Teo, el de mi clase, que siempre mueve su flequillo arriba y abajo mientras sopla, y la otra es lo que le pasó a mi hermano en la cabeza.

Aquello fue una cosa antinatural, una cosa descontrolada. Un acontecimiento nunca visto. De verdad.

Pero, a ver, para que entiendas cómo acabó pasando. Mi madre. Esto es importante. Mi madre es una pieza fundamental del rompecabezas. Y tuvo un poquito de culpa, ya lo verás. Porque mi madre es una especie de motor con patas. Y ella no tiene el pelo largo. Ella lo lleva *al uno*, que quiere decir que se pasa la maquinilla eléctrica y va tan pancha. Y así le va bien, porque siempre está haciendo muchas cosas a la vez, de aquí para allá sin cesar. Mi madre, que se llama Jana, tiene una librería. La librería se llama Austen por no sé qué escritora que le gusta mucho y que dice que tenía el mismo nombre que ella.

Yo no sé quién es esta Jana Austen, no he leído nunca nada suyo. Y eso que a mí me encanta leer, pero yo soy más de Teresa Broseta, porque me he leído un montón de libros suyos unas mil veces y además me sé muchos fragmentos de memoria.

Bueno, volviendo a lo que te contaba. El caso es que mi madre trabaja todo el día en la librería y siempre está organizando saraos de todo tipo: que si clubes de lectura, que si cuentacuentos, que si ahora vienen unos bibliotecarios a esto, ahora unas maestras a aquello...

La librería no es demasiado grande, pero tiene un cuartito secreto tras la pared del mostrador donde mi hermano Nacho y yo hemos montado nuestro cuartel general. Y donde hacemos los deberes. Allí hemos puesto un ejército de robots (concretamente, Transformers) que hacen guardia para que no entre nadie. Bueno, entra mi madre, claro, y a la abuela también la dejamos entrar. Y a Sauron, que es nuestro gato de color naranja. Pero a toda esta gente de los saraos, no.

Reconozco que a veces es divertido, pero, en general, es agotador. Mi madre tiene poco tiempo para hacer cosas con nosotros e intenta, cuando baja la persiana los sábados al mediodía, que aprovechemos el día y medio del fin de semana como si fuera un mes entero. Y esto, tengo que confesarlo, ¡todavía es peor!

Durante esa época del año pasado en que a Nacho le empezó a crecer mucho el pelo, mamá andaba poco por casa e iba más agobiada que nunca con la librería. La abuela le dijo que pronto tendría que pensar en buscar

ayuda y contratar a alguien, pero, mientras se decidía, mamá empezó a olvidar cosas importantes sobre ella y sobre nosotros.

Un día se plantó en la librería con zapatillas de estar por casa. Otro día se olvidó de llevarnos al colegio. Una noche nos puso un lote de novedades de libros para cenar. Y la cosa se fue complicando cada vez más. También se volvió peligrosa. Porque una vez, cuando abrí el táper en clase, me encontré un cuchillo en lugar de la cuchara de bambú, y el maestro puso el grito en el cielo... Y como estas, muchas más.

Como Nacho y yo ya somos mayores, ella no nos baña, claro. Ya hace muchos años que no nos baña, ¿eh? A ver qué te has creído. Pero, bueno, hay algunas cosillas básicas de la higiene personal que todavía no tenemos demasiado aprendidas, también hay que decirlo. Ejem. Cuestión de organización. Por ejemplo, el tema de las uñas. A mí se me olvida y me las corta mamá.

Pues bien. Durante aquel tiempo no me las cortó nadie. Las de los pies se fueron modelando con la forma que cogieron de las zapatillas de fútbol que llevo por las tardes y que me aprietan un poco. Podríamos decir que eso me sirvió de lima. Lo reconozco. Soy un poco desastre y vago. Pero no lo hago queriendo, es que soy despistado, ¿eh?

Suerte que un día, mientras estábamos los tres sentados en el sofá viendo una peli, mamá nos cogió de las manos, en un ataque descontrolado de amor maternal, y se clavó nuestras uñas largas como cuchillos afilados en toda la palma.

Fue justo en aquel momento cuando tomó conciencia del desastre y quiso ponerle remedio. Pero, en el caso de mi hermano, ya era demasiado tarde. Su propio cabello lo había engullido.

Y mientras mi madre iba de un lado al otro del piso, cortándome las uñas, recogiendo montañas de ropa para doblar, tratando de anotar una lista de la compra, buscando al gato (¿cuánto hacía que no veíamos al gato?), yo me eché a llorar. ¿Por qué? Pues muy fácil: porque Nacho había desaparecido dentro de una mata de pelo impresionante que no dejaba de crecer y que era esponjosa como un perro lanudo, mientras mamá corría de una habitación a otra como un cohete y, por más que la llamara, ni siquiera me oía.

Al final, mis llantos fueron tan fuertes y desesperados que mi madre se plantó frente a mí.

–¿Qué pasa, Marcos?

Y yo, lloriqueando de pena, de miedo, y reconozco que desesperado porque no me hacía ni pizca de caso, señalé

con el dedo a mi hermano, que ni las palabras me salían por la boca, de lo angustiado que estaba.

–¡Ah! ¡¡¡Una pelusa gigante!!! Madre mía, hijo, me sabe fatal. Vete a saber el tiempo que hace que no hemos barrido bajo las camas, ¿verdad? ¡Venga, que cojo la escoba y la tiro a la basura!

¿Ves? Mi madre tuvo un poco la culpa. Lo siento, pero pienso así. Porque, como aquel motor no se paraba nunca, tampoco prestó demasiada atención a lo que quería decirle. Así que seguí, llora que te llora, hasta que se plantó en la habitación escoba en mano, como si fuera una escopeta, y apuntó directamente a mi hermano. Vamos, a la bola de pelo. Y empezó a correr en su dirección dispuesta a deshacerse de él.

Entonces fue cuando a mí me salieron todas las palabras en tromba, pero, como eran tantas y habían estado haciendo fuerza durante todo ese rato en mi garganta, no lo hicieron en forma de discurso claro y ordenado, sino como un chillido espantoso que decía algo así como:

–Nooooooooooouuuaaaaaaaaaaaaaaaaaaaa-nooooooo.

Mamá bajó la escoba y me miró con los ojos como platos.

–Cariño, ¿te encuentras bien?

Lo dijo muy bajito y un poco asustada, porque lo cierto es que yo parecía poseído, como loco, y seguía gritando con el dedo apuntando hacia aquella bola gigante de pelos que era mi hermano. No era capaz de articular nada con sentido.

–¡Mamá! –exclamé al final.

Ella apoyó la escoba en el suelo y dijo con un hilo de voz:

–¿Qué?

–A ver, que esto no es una pelusa. ¿Me oyes? ¡ESTO ES NACHO!

Mi madre nos miró alternativamente a mí y a la bola de pelo, como si no entendiera nada. Al final, se llevó las manos a la cabeza, suspiró y me dijo:

–Ay, hijo. Haber empezado por ahí. ¡La que he liado! ¿Cuánto hace que no os corto el pelo? ¿Cuánto hace que no vamos a la peluquería? Ahora mismo traigo las tijeras y resuelvo este problema.

Problema. Sí, lo has leído bien. Mi madre dijo *problema*.

Por eso yo me puse a llorar otra vez.

Y todo se habría quedado en una anécdota espantosa, para qué te voy a engañar, de no haber sido porque mi madre entró en la habitación con unas tijeras de podar. ¡De

podar! Había perdido el norte completamente. Ni peine ni tijeras pequeñas ni *flus-flús* para alisar el cabello con agua. Unas enormes y peligrosas tijeras de podar. Y yo, claro está, venga a llorar más y más por el miedo y la angustia.

–A ver, Marcos, tranquilo, que sé lo que me hago, que no tienes de qué preocuparte. Pero no creo que unas tijeras normales o la maquinilla eléctrica puedan hacer nada en la cabeza de tu hermano, con estas melenas que lleva...

Por suerte para todos nosotros, las tijeras de podar no funcionaron.

Aunque yo no lo vi enseguida. Me había puesto la almohada en la cara para no asistir a la que yo imaginaba como sanguinaria resolución de los hechos.

En el preciso instante en que mi madre apretó las tijeras con fuerza para cortar un buen mechón, se escuchó un CRAC con muy mala pinta: se habían partido por la mitad. Las vi a mis pies rotas en dos. Y me quité la almohada de la cara.

–Esto es grave... –mi madre dijo esta frase mientras se rascaba la barbilla–. Solo veo una solución.

Salió de la habitación y la oí rebuscar dentro del armario de los trastos. El ruido de enseres, cajas y otros bultos que no identificaba me asustó todavía más. ¿Qué

narices se le habría ocurrido? Pues no te lo vas a creer. Volvió a entrar en la habitación y yo me quedé helado. Mucho más petrificado (si se puede) que mi hermano enredado dentro de su mata de pelo.

Mi madre, que parecía que se había vuelto tarumba de verdad, había sacado del armario una podadora de setos.

No me preguntes por qué tenemos una podadora si vivimos en un tercero, pero es que mamá acostumbra a guardar las cosas más extrañas e increíbles por si alguna vez las necesitamos.

El caso es que entonces sí que dejé de llorar. De llorar, y diría que de respirar. ¡Mi madre no podía estar tan loca como para pasar aquella podadora de jardín por encima de mi hermano pequeño! ¿Cómo podría detenerla?

Bueno, no fui yo quien la detuvo. Por suerte, la abuela vive en la puerta de enfrente y ya hacía un rato que escuchaba mis lloros y después mis gritos angustiados y, por suerte, también había oído el zumbido eléctrico de la podadora después de que mamá la pusiera en marcha.

–¿Qué está pasando aquí?

Es la última frase que recuerdo antes de que empezara el verdadero suceso rarísimo. Porque, si esta historia te ha parecido rara, espera a leer cómo sigue.

De lo que pasó cuando entramos dentro de *aquello*

Mi abuela es una mujer que tiene muchos años. A ver, supongo que como todas las abuelas del mundo. La mía, sin embargo, se caracteriza por su estilo, que es bastante peculiar. Me imagino también que, cuando tienes muchos años, como las abuelas, llega un momento en que te da lo mismo el estilo. El estilo y otras cosas.

Por ejemplo, la abuela no tiene vergüenza de hablar con quien sea sobre lo que sea. Aunque no conozca a la persona en cuestión. O a la hora de comer: la abuela come de todo y lo prueba todo. Así que ser abuela querrá decir que ya todo te da lo mismo porque se te han curado las manías. Bueno, que me despisto del tema y ahora no es momento de irse por las ramas. *Aquello.* ¿Por dónde me había quedado? Ah, sí. La podadora de césped. Y la abuela que entró en el comedor y dijo con toda la tranquilidad del mundo:

–¿Qué está pasando aquí?

Yo, en aquel momento, casi no tenía aire en los pulmones, estaba pálido, la cabeza me daba vueltas. Pero vi cómo mi madre paraba la podadora y miraba a la abuela.

–Pues fíjate, que he descuidado a los niños, la casa, el gato. Por cierto... ¿Dónde está el gato? En fin, ¡mira al pobre Nacho! ¡Le ha crecido tanto el pelo que ni le vemos la cara!

Mi madre dijo esto último como si fuera una actriz dramática, pero la cara de la abuela no cambió la expresión ni un poquito. Ni se *inmutó*, como dice mi madre. Mi abuela siempre sonríe por lo bajini.

–¿Y lo piensas resolver así, podándolo como si fuera un arbusto de jardín?

En aquel momento me di cuenta de que la abuela estaba tranquila, DEMASIADO tranquila. Y de que su peculiar estilo junto con la bola de pelo que era mi hermano hacían buena pareja y todo.

Ah, perdona. Que no te he explicado el estilo de la abuela. Pues, a ver, que hago un paréntesis para que te puedas imaginar su *indumentaria*.

La abuela es una señora que viste con elegancia porque lleva pantalones de pinzas, que esto no sé lo que quiere decir, pero que debe de ser por la forma de tenderlos cuando los lava. Y, además, los lleva *impecables*, que esto también lo dice mi madre.

En los pies, en contra de lo que cabría esperar, mi abuela calza zapatillas de deporte y luce calcetines de colores. Ella dice que así va más cómoda y anda más deprisa.

Pero lo realmente curioso y propio de la abuela, aquello que hace que mi abuela tenga un estilo diferente y original, es su sombrero. Porque no se lo quita jamás de los jamases.

Sí, sí: mi abuela lleva un sombrero de color lila con un lazo atado a su alrededor, del cual cuelgan unas bolitas parecidas al muérdago de Navidad. El sombrero lleva una visera elegante que la protege del sol, y mi madre siempre dice que es de un estilo *muy inglés*. Yo no tengo ni idea de lo que quiere decir, porque nunca he estado en Inglaterra. Pero quizás allí todas las abuelas llevan sombreros parecidos.

El caso es que mi abuela, plantada allí junto a *aquello*, que era mi hermano, parecía tranquila y no desentonaba en absoluto. Y dijo:

–A ver. No se puede cortar el cabello persona ni con tijeras ni con máquinas de ningún tipo.

El cabello persona. ¿A que te has quedado sin palabras? Yo tampoco entendí qué quería decir aquello de *cabello persona*. Pero parecía la clave para resolver aquel suceso rarísimo.

–¿Y entonces qué tenemos que hacer?

Mamá le preguntó como si no hubiera escuchado la expresión *cabello persona* tal y como la había oído yo. Y no, no me la he inventado, de verdad. Estaba tan muerto de miedo, tan paralizado, que las palabras de los demás me entraban en las orejas y se tenían que quedar allí

dentro un rato, para que me diera tiempo a descifrarlas. Sí, así era.

Cabello persona.

Pero mi madre fue directa al grano, porque no había tiempo que perder, y quiso saber cómo resolver el *problema*. Y pasó olímpicamente del cabello persona.

–Pues es muy fácil. Entramos dentro del cabello persona y traemos a Nacho de vuelta a casa –dijo la abuela.

Esto también lo procesé a cámara lenta y con total claridad. Sí. Mi abuela. La del sombrero con muérdago. La que hablaba con mi madre. La de la podadora de setos.

Dijo muy alto y claro que había que *entrar* dentro de *aquello* y traer a mi hermano *de vuelta*.

Increíble, ¿no? Pues es cierto. Y por eso lo dejo aquí todo por escrito. Porque, en primer lugar, no quiero olvidar nada de lo que pasó. En segundo lugar, porque quiero que te quede claro lo que ocurrió aquel día y cómo pasó exactamente, para que me puedas ayudar.

Con toda probabilidad, si estás leyendo esto será porque ya todo se ha desmadrado y estamos en peligro de verdad. Así que ¡acaba deprisa y ponte en marcha! No hay tiempo que perder.

Volvamos a la escena en cuestión.

–¿Y cómo entramos? –preguntó mi madre, impaciente.

–Uy, es facilísimo. Nos lanzamos dentro, como si fuera una piscina.

Mientras lo explicaba, mi abuela cogió la bola de pelo (que era mi hermano) en brazos con una fuerza que no imaginaba que tuviera y la llevó hasta el centro del comedor. Entonces colocó una silla junto a Nacho, se subió, estiró los brazos y..., ¡PATAPAM!, saltó con gracia y estilo (y sin perder el sombrero) dentro de la bola de pelo.

Y desapareció.

Mi madre, sin perder ni un segundo, la imitó. Se subió también encima de la silla y se lanzó de cabeza,

como cuando íbamos a nadar. Y también desapareció.

Entonces tomé conciencia de lo que había pasado y me eché a llorar de nuevo. Primero, porque había recuperado la respiración y me encontraba muy mareado de todo el rato que la había estado aguantando. Y, segundo, porque tenía miedo, miedo de haberme quedado solo allí con aquello que ya no sabía si era mi hermano o vete a saber qué. Solo por haber perdido para siempre jamás y de una sola vez a mi hermano, a mi madre y a mi abuela.

Así que no sé de dónde saqué el valor y, mientras me enjugaba con el brazo los mocos que me caían entre sollozo y sollozo, desesperado y superando todos los miedos posibles, me subí a la silla.

–No te lo pienses, Marcos. Si te lo piensas, será peor –me dije en voz alta a mí mismo.

Porque te juro de verdad de la buena que no me estoy inventando nada. Y tampoco lo soñé. Todo fue muy real.

Y entonces cerré los ojos, me agaché un poco y di un gran salto al más puro estilo lanzarse de bomba, que se me da muy bien.

¡PATAPAM!

Yo también desaparecí dentro de la mata de pelo de mi hermano. Te lo juro.

De lo que encontramos dentro del cabello de mi hermano

En realidad yo no desaparecí. Lo que desapareció fue el comedor con los muebles y todo lo demás. Sí, esta parte te parecerá todavía más alucinante que la anterior.

Porque, claro, no pasa cada día que uno se tira de bomba dentro de la cabellera de su hermano y va a parar a... ¿Adónde fui a parar exactamente?

Bueno, pues no te lo sabría decir con certeza. Era un lugar espectacular, eso sí. Lleno de luz, como un arcoíris, todo pintado con colores vivos y brillantes. Los colores más alucinantes del mundo.

Así pasé los primeros segundos en aquel lugar. Admirando con la boca muy abierta los colores, sobre todo el amarillo. Me encanta el color amarillo. Los mocos se me habían secado bajo la nariz y me hacían cosquillas, así que acabé estornudando con mucha fuerza, por culpa del picor.

–¿Marcos? ¡Eres tú! ¡Ven, corre, que te vas a perder!

Era mi madre. Claro, mi estornudo gigante lo habían oído en aquel mundo de colores y supongo que también desde el comedor de casa. Por eso mi madre, que debía de andar por allí cerca, me llamó.

Pero... ¿adónde se suponía que tenía que ir?

Reconozco que seguía muerto de miedo. Sí, ya te habrás dado cuenta de que valiente del todo no soy. Pero un poquito sí, ¿eh? Porque creo que no todo el mundo habría saltado dentro de *aquello*. De acuerdo, sí, quizás lo que más miedo me dio fue pensar que me quedaría solo en casa con aquella bola de pelo y por eso salté. Pero lo hice, ¿no? Por lo tanto, soy un poco bastante valiente. Y ya está.

Así que seguía teniendo miedo, como es lógico, porque aquel lugar era extraño y desconocido para mí. Una vez pasada la zona de los colores fabulosos, llegué a un espacio natural donde se mezclaba con lo más espectacular de las selvas: los colores seguían siendo brillantes, pero además ahora muchos cobraban vida en forma de pájaros exóticos que volaban libremente entre ramas de árboles mucho más exóticos todavía.

Sí, sí, esto te lo tengo que explicar. Son los pájaros y los árboles de las fotos de las enciclopedias que le gustan tanto a mi hermano. Las que tenemos en la librería de mamá. Y es que la selva es su lugar preferido del mundo y de mayor quiere ir a cuidar a los animales salvajes. Sí. Todo lo que había en aquel lugar, que estaba vivo, que pasaba por encima de mi cabeza chillando felizmente, yo ya lo conocía porque estaba en los libros de mi hermano Nacho.

Después de los pájaros y los árboles, me encontré con una espesura muy húmeda y más oscura. Fue como si se apagara la luz de los colores radiantes, pero, en la oscuridad, aquellos colores aún más oscuros seguían estando hipnóticamente vivos.

Pude sentir con claridad los siseos y el reptar de bichos y animalillos invisibles a mis ojos, y eso ya no me hizo tanta gracia. Los bajos de mis pantalones, además, se habían empezado a mojar con la humedad de la vegetación del suelo. Quizás había agua cerca. Un río.

Vale. Ya sé que piensas que me lo estoy inventando. Pero te juro que es verdad que todo esto estaba dentro de la pelambrera de mi hermano. No tengo tanta imaginación. Bueno, no tenía. ¡Un año después puedo decir que he atesorado un sinfín de argumentos para contarle a Teresa Broseta, que escribiría con ellos unos cuantos

libros! Se me ha disparado la imaginación. Pero soy una persona realista y tengo una mente muy científica. Esto siempre me lo dice mi madre. Y, como es verdad, pues lo dejo por escrito y no paro de repetir por activa y por pasiva que todo lo que estoy describiendo era muy real: se podía tocar, oler y... ¡sufrir!

¡Sí, sufrir! Porque algún insecto asquerosillo pensó que picarme el tobillo era interesante, y yo di un salto que casi me estampo contra una roca enorme que había plantada allí enfrente. Uf, escocía muchísimo la picadura, ¡qué mala suerte!

Y oye, que me dejó marca. Una marca fea, como si alguien hubiera empezado a hacerme un tatuaje y a medio poner la aguja se le hubiera resbalado y me hubiera quedado para siempre jamás una raya morada torcida.

Pero bueno. La roca. La roca no era una roca, sino una cueva. Entonces volví a escuchar la voz de mi madre y tuve clarísimo que venía de dentro de aquella cueva. Así que cogí aire y entré. Un poquito valiente no, ¡muy valiente!

La cueva, por dentro, no daba miedo; esto también hay que decirlo. Olía a flores, aunque yo no vi ninguna flor. La humedad no resultaba tan pegajosa y había una luz suave pero cálida que me ayudaba a guiarme por

los pasadizos. Además, era muy ancha, así que no tuve claustrofobia en ningún momento.

Me gusta la palabra *claustrofobia*.

Pero no me gusta nada tener claustrofobia.

Allí dentro no tenía claustrofobia, al contrario. Una relajación inesperada me invadió completamente y los nervios y el miedo de todo el día se esfumaron como por arte de magia.

Al final fui a parar a un claro enorme, en medio del cual había un valle cubierto de hierba y flores. ¡Ah, aquello explicaba la fragancia dulce de la cueva! Y allí mismo, entre aquella exageración de flores que parecía que no quedaba ni un centímetro sin plantar, vi a mamá, a la abuela (¡que llevaba a mi gato en brazos!) y... ¡a Nacho!

Lo reconozco: aceleré en un esprint de récord. Tenía tantas ganas de abrazar a mi hermano pequeño que corrí como una flecha, con picadura y escozor en el tobillo incluidos, solo para plantarme a su lado y asegurarme de que se encontraba bien.

Él se puso muy contento de verme, y nos abrazamos. Que dónde estaba, que por qué había tardado tanto, que mira qué sitio más *fabulosísimo*, que era como en los libros que leía en nuestro cuartel general de la librería, que si había visto los tucanes de picos larguísimos (por

supuesto), los baobabs centenarios (supongo), las plantas carnívoras (por favor, ¡esto no!, ¿pero había alguna?)...

Tenía tantas cosas que contarme y yo tantas cosas que preguntarle que por un instante se nos olvidó la situación.

Sí, porque el caso es que seguíamos allí, en un lugar imposible dentro de los mechones de su pelo. Y eso era muy extraño. A ver, ¿cómo podía ser que dentro de su cabello mi hermano *estuviera*? ¿Cómo podía desdoblarse, si es que era eso lo que le había pasado? Estaba a punto de explotarme la cabeza, ¡te lo juro!

De nuevo fue la abuela quien tomó las riendas de la situación. Primero, sin mediar palabra, me puso al gato Sauron encima. Este, como es un perro-gato, se puso a

ronronear esperando mis caricias. Luego la abuela nos dio la orden:

—Muy bien, familia. Tenemos que abandonar ya el cabello persona.

¡Ya estamos otra vez con el cabello persona! Pero ¿qué narices es eso? ¿Y por qué era el único a quien le parecía que aquella era una expresión rarísima?

—De acuerdo, yaya —dijo Nacho con una sonrisa de oreja a oreja—. La verdad es que me quedaría más rato aquí, pero tengo hambre y no veo nada que se pueda comer..., aunque a lo mejor estas flores se pueden masticar y...

Me dio la sensación de que mientras pronunciaba esas palabras, las flores se giraban hacia nosotros. Todas. A la vez. A ver, fue despacio, como una intuición más que un hecho auténtico. De acuerdo, dicho así todavía es más extraño, pero creo que se giraron porque entendieron lo que decía mi hermano acerca de masticarlas.

Y entonces volvió el miedo.

¿Cuánta vida *auténtica* había allí dentro? Vale, ya sé que las plantas y los animales están vivos, pero no están vivos del mismo modo que lo estaban aquellos. Lo sabrías si hubieras estado allí. No se puede explicar mejor, lo siento. Las plantas lo entendieron todo y no parecían estar muy contentas. Ay.

–Escuchad, hay que darse prisa –dije, nervioso, mientras acariciaba el lomo de Sauron.

La abuela se puso a observar a nuestro alrededor.

–Por aquí no. Salgamos de la cueva. Necesitamos encontrar una forma de coger impulso para saltar.

Saltar. Otra vez. ¿Y adónde se supone que teníamos que saltar ahora? Qué palo, en serio.

En cualquier caso, salir de aquel valle lleno de flores con aspecto de estar muy enfadadas me pareció una gran decisión.

Una vez en el exterior, volvió la humedad pegajosa y el recuerdo de la picadura en el tobillo. Entonces vi cómo la abuela extendió unas lianas para probar si eran resistentes o no.

–Esto nos servirá.

Estiró la liana hasta una roca alta.

–Tendremos que subir sobre la roca e impulsarnos para saltar, como en una tirolina. Uno de nosotros nos empujará y entonces saltaremos con mucho impulso.

–Ejem.

Sí, el del *ejem* siempre soy yo.

–Ejem. Pero, a ver, y al último, ¿quién lo empujará?

–Ah, tranquilo, hermanito, he hecho unos cuantos amigos aquí mientras os esperaba.

Y nada más decir esto apareció un gorila más alto que yo delante de nosotros. Me temblaron las piernas. ¿Cómo te habrías sentido tú? Un gorila, enorme como un armario, con unos brazos larguísimos, la cabeza peluda y negra y una boca... Ay, menuda boca. No sé si me daba más miedo la boca o los brazos. O todo el conjunto, lo mismo da...

Así que, llegados a este punto de la historia, me dejé llevar y que pasara lo que tuviera que pasar. Mamá saltó primero y la vi pasar de liana en liana.

Después me tocó a mí, con gato incluido. La abuela me empujó con fuerza por el culo y yo cerré los ojos y agarré bien a Sauron para no caernos.

Pero te aseguro que yo no hacía ningún esfuerzo, así que supongo que todo aquel equilibrismo de circo tenía también parte de la magia de aquel lugar. Si no, de verdad que no me lo explico.

¿Qué? ¿Cómo vas con la historia? Ya te lo había dicho, es todo rarísimo.

En aquel momento, lo único que yo quería era que el gorila no apareciera con nosotros en el comedor de casa.

Era cuestión de segundos. Primero vi una especie de nube de humo enorme y una chispa que estalló y se zampó a mamá. Acto seguido, me vi a mí mismo dirigiéndome sin freno hacia la misma nube de humo.

Cerré los ojos y, como no sabía a quién me tenía que encomendar, pedí auxilio a Optimus Prime y a todos los Autobots de la galaxia. Porque, al fin y al cabo, aquello era tan extraño que por qué no podía ser que un Transformer se me apareciera para echarme una mano, ¿eh?

Sentí un cosquilleo raro por el cuerpo y, ¡PATAPAM!, me caí de culo al suelo. Al suelo del comedor. Qué mal. Seguro que se me iba a quedar el culo plano para siempre. Sauron maulló y se fue derecho al sofá.

–¡Corre, corre, Marcos, sal de ahí!

Medio aturdido aún, me encogí en un rincón y me quedé muy atento a ver qué ocurría. Sí. Estaba en el comedor y mi hermano todavía seguía allí convertido en una bola de pelo. De pronto, su cabello creció mucho y fue como si se abriera por la mitad, como un melón, y de allí dentro salió disparada la abuela.

Cuando pasó otro rato, ya no salió nadie. Claro, supongo que es lógico que Nacho no saliera de dentro de Nacho. Vale, no sé si borraré esta frase. Parece que me haya vuelto loco de remate.

De todas formas, lo que es cierto es que respiré tranquilo porque de allí dentro ya no salió nadie más.

«Adiós, señor gorila».

De lo que pasó después

Bueno, falta la parte final, pero esta ya es más rápida. La abuela le pidió a mi madre unas tijeras. Unas tijeras normales y corrientes, y empezó a cortar mechones de pelo.

Mi madre y yo nos quedamos hipnotizados observando los movimientos de muñeca de la abuela y cuando nos dimos cuenta estaba pasando otra cosa rarísima. Allá donde caían los mechones de pelo, estos se convertían en césped. Y, en un santiamén, el comedor quedó cubierto de una capa de césped verde y fresco que olía la mar de bien. Mi gato se revolcaba muy a gusto en él.

–Quizás habría valido la pena cortarle el pelo en el balcón, ¿no crees, Enriqueta? –Mi abuela se llama

Enriqueta, que no lo había dicho–. ¡Nos habría quedado un jardín bien apañado!

Mamá siempre bromea. ¿Es que acaso no veía que todo aquello era muy serio como para ponerse a bromear?

Al final, fue apareciendo Nacho bajo la mata de pelo. Tenía los ojos cerrados y movía la nariz arriba y abajo porque los pelos le hacían cosquillas. La parte final del corte hizo caer tanto cabello que de aquel montón salió un limonero. ¿Qué? ¿Que no te lo crees?

Pues un día, si todo esto se resuelve, te vienes a mi casa y lo ves: la herida en el tobillo, las manchas que dejó el césped en el parqué. Y el fabuloso limonero que hay junto a la foto familiar. A ver, el árbol es fuerte y firme y lo regamos a menudo y en un año hemos tenido un par de limones. Quejarme, no me puedo quejar.

Ahora me parezco a mi madre bromeando... *Sarcasmo*, dice.

En fin, que este es el hecho rarísimo que pasó hace un año.

Pero lo que ha pasado después todavía da más miedo. Mucho más miedo. Y si estás leyendo esto es porque necesito que me ayudes, ya que las cosas se han puesto mucho más feas desde entonces (y desde que empecé a escribir en esta libreta).

Te lo explico todo rápidamente. Porque desde ahora mismito esto es en directo y escribo en la libreta medio a escondidas mientras mi madre decide si hacer caso de lo que acaba de decir la abuela o no. No te fijes demasiado en mi caligrafía, es que no se me da muy bien escribir con nervios y prisa, ya me entiendes.

Resumiendo: los primeros días después de *aquello*, yo no hacía más que interrogar a mi hermano y él se encogía de hombros. «Que yo qué sé, Marcos, que un buen día tenía tanto pelo que cuando me levanté ya no estaba en la habitación contigo, sino en un lugar lleno de colores y anduve mucho rato y todo me gustaba y me hice amigo de un gorila y...».

Por las noches, claro, yo no pegaba ojo. Aún eran muy recientes todas las sensaciones vividas y me dolía la herida. Observaba a Nacho todo el rato para controlar que tuviera el pelo en su lugar y que no le empezara a crecer. Mi hermano, todo hay que decirlo, dormía a pierna suelta. Pero yo sufría por si se levantaba en sueños y se convertía en una bola de pelo loca que quisiera estrangularme o yo qué sé.

O si salía el gorila de su melena. Que todo podía pasar, puestos ya a imaginar.

Cuando me daba cuenta de que le había crecido un poco el flequillo y comenzaba a tomar la forma de un

árbol (diría que de roble: que yo antes de árboles no tenía ni repajolera idea, pero ahora en el cuartel general de la librería tengo un montón de libros sobre especies vegetales y me he hecho un experto en el tema), llamaba a mi madre, quien a su vez llamaba a la abuela.

Mi abuela lo inspeccionaba con atención y entonces le quitaba hierro al asunto, pedía la maquinilla eléctrica y les rapaba la cabeza a los dos, a mi madre y a Nacho.

Pero yo no podía evitarlo. Lo que había pasado hacía un año no era normal. ¡Por favor! ¿Por qué se comportaban así? Y nadie decía ni pío y esto todavía me asustaba más.

Además de convertirme en experto en botánica, busqué por toda la librería algo de información sobre el cabello persona. No encontré nada. En Internet me apareció alguna foto asquerosísima sobre gente que tenía mucho pelo, pero no encontré ningún parecido con mi hermano. Eso sí. ¡Puedo constatar que hay gente que está como una cabra y es muy marrana!

También me obsesioné con mi propio pelo. Pero el mío ni es negro ni tiene los rizos salvajes del de mi hermano: tengo cuatro pelos lisos que me caen sobre la frente como una lechuga. A veces tiene un poco más de volumen si les pongo un producto que me compra mamá

en el súper, pero nada más. Y crecen a la velocidad de las tortugas, de manera que nadie sufría nunca por sí a mí me salían más pelos de lo normal...

Así que, al final, a pesar de mis dudas y miedos, dejé correr todo aquel asunto. Llegué a la conclusión de que jamás llegaría a desentrañar el misterio.

Estaba demasiado cansado día y noche de tanto hacer de espía capilar de Nacho, de leer tanta información sobre bosques y selvas y gorilas amigos de niños peludos, de mirarme la cantidad de pelos en la cabeza por si acaso. Y en el colegio ya tenía bastante trabajo y exámenes como para dedicar mi tiempo a las investigaciones sobre el cabello persona.

No se lo conté a nadie.

Hasta que un día, es decir, ayer mismo, Nacho se acostó con la cabeza pelada al uno y cuando se ha levantado esta mañana... Bueno, pues se ha levantado con una buena mata de rizos, al más puro estilo helecho macho del Pirineo. Me he quedado blanco como la cera. Él ha corrido a mirarse al espejo y también se ha quedado blanco.

Hemos despertado a mamá y se ha quedado blanca. Y así los tres, pálidos y espesos como la leche de coco, hemos llamado a la abuela. Mientras llegaba, nos hemos dado cuenta de que los rizos de Nacho crecían

rápidamente y mamá ha ido a buscar las tijeras normales. Pero nada más meterlas dentro de la bola de pelo han hecho CRAC. ¿Te suena? Sí. Se han partido en dos.

Cuando la abuela se ha plantado en medio del comedor, a Nacho ya no se le veían los ojos, solo la punta redonda de la nariz y parte del bajo del pijama de robots.

La abuela no se lo ha pensado ni un segundo. Nos ha mirado fijamente y con un gesto muy serio, nos ha advertido señalando con el dedo:

–Esta vez, me voy sola. Si no he vuelto en media hora, pedid ayuda. Id a la Asociación de Mujeres Mayores con Sombrero. ¿Me habéis entendido?

Así que la historia se repetía.

Y la abuela, grácil como una gacela, ha saltado dentro del cabello de mi hermano, ¡PATAPAM!, y ha desaparecido.

Muy bien.

Esto es importante.

Porque no le hemos hecho ningún caso.

A la media hora mi madre ha decidido envolver a Nacho con su chaqueta, lo ha cogido a él en brazos y a mí de la mano (como cuando éramos pequeños, ¡imagínate si es grave la cosa!) y hemos salido de casa. Yo he aprovechado para llevarme la libreta y también a Sauron, y los he escondido en mi mochila.

Mochila que he dejado con la cremallera abierta para que el gato respire, no te preocupes.

Entonces nos hemos dirigido a la librería. Menos mal que está cerca. Aunque yo ni notaba el frío ni nada. Solo el miedo, tan conocido ya, que me subía desde la punta de los dedos de los pies hasta la cabeza. Estaba mareado.

Una vez dentro de la librería, mamá no ha dicho nada. Yo me he sentado en el mostrador y me he puesto

a escribir a toda velocidad. Sauron ha saltado de la mochila. Después he estado observando el trasiego de mi madre de aquí para allá. Y aquí seguimos.

Veo que mi madre coge el móvil, busca algo, marca un número, se pone el teléfono en la oreja y... Se lo piensa. Lo deja encima del mostrador. Lo vuelve a coger. Escribe un mensaje muy deprisa. De repente suelta un grito decidido:

–¡Ya está bien!

Por eso se me ha escapado un garabato. ¿Quién me iba a decir que mi madre ahora se pondría a gritar?

Se acerca a mí. Espera.

...

De acuerdo. Lo que acaba de pasar es que coloca las manos sobre mis hombros y me dice:

–Marcos, quédate aquí. Si no he vuelto en media hora...

Qué manía con la media hora.

–... llama a la policía.

Y, sin que yo tenga tiempo a reaccionar, se sube encima del mostrador y salta sobre la bola de pelo, que todavía está envuelta en su chaqueta. ¡PATAPAM!

Todo ha ido tan rápido que no entiendo nada.

Desaparece.

De cuando alguien encontró la libreta

–No pone nada más.

–¿No? No puede ser.

–No, no. Nada.

Lily gira la libreta en todas direcciones. Pasa todas las hojas rápidamente con los dedos. Es muy hábil, pero no le sirve de nada. «Desaparece» es la última palabra que hay escrita.

La persiana de la librería Austen está medio bajada y dentro están Lily y Teo y la madre de Lily. Sandra es la mejor amiga de Jana y también es la madre de Lily. Tiene una llave de la librería por si alguna vez pasa algo. Y ahora sí pasa algo. Algo gordo. Porque por la mañana ha recibido un mensaje muy extraño de su amiga en el móvil.

–Eh, no toquéis nada.

Sandra lo repite unas cuantas veces mientras revuelve toda la librería, como si fuera un robot, pero Lily y Teo no la escuchan. Hace un rato que han encontrado la libreta de Marcos sobre el mostrador y se han escondido en el cuartel general de los robots. Se la han leído en un abrir y cerrar de ojos.

–¿Y si se lo contamos a tu madre?

–No lo sé, Teo. Las madres siempre tienen demasiadas cosas en la cabeza. Sí, de acuerdo con que suelen resolver la mayoría de cosas. Pero me parece que esto supera todo aquello que una madre pueda controlar, ¿no crees?

Teo sopla su flequillo, que le cae todo el rato sobre el ojo derecho y le molesta.

–Vale. ¿Y entonces qué propones que hagamos?

Lily continúa con la libreta en la mano, como si allí estuviera la solución a todo. La mira. La remira.

–Quizás todavía estén aquí. La bola de pelo no desapareció nunca del comedor de casa de Marcos en la primera historia, ¿no?

Esto lo dice Teo. Lily lo mira y le dirige una mueca rara.

–Pero, oye, ¿no ves que si hubiera en la librería una bola de pelo del tamaño de Nacho ya la habríamos visto?

–¿Quieres decir que quizás el gorila...?

–¡Déjate de gorilas!

A Lily de pronto se le viene una idea a la cabeza. Siempre le pasa cuando está muy cerca de resolver algo. Abre la libreta y busca las últimas páginas escritas.

–¡Ya lo tengo! ¿Y si buscamos la Asociación Secreta de Mujeres Mayores con Sombrero?

Justo entonces la madre de Lily asoma la cabeza por el cuartel general.

–Escuchad, os dejo cinco minutos aquí solos. Me voy a casa de Enriqueta, la abuela de Marcos y Nacho.

Teo está a punto de decir que no encontrará a la abuela en su casa, pero Lily le da un golpe con el codo.

–De acuerdo, mamá –le dice mostrando su sonrisa más angelical.

–Puedo confiar en que no tocaréis NADA, ¿verdad? Podéis mirar algún libro, si queréis. Nacho tiene toda clase de enciclopedias sobre la selva encima del escritorio.

–De acuerdo, mamá.

Sandra duda un poco. Aquella mañana ha recibido un mensaje muy extraño de Jana. Al principio no le ha dado demasiada importancia. Después la ha llamado, pero no ha recibido respuesta. Le ha escrito. La ha vuelto a llamar. Nada de nada.

«Sandra, me voy a pasar el día fuera con los niños. ¿Puedes abrir tú la librería? ¡Gracias!».

A Sandra le parece de lo más extraño. Jana está obsesionada con el trabajo y nunca deja la librería a cargo de nadie, y menos un sábado por la mañana. A otra persona le habría resultado de lo más normal, pero Sandra sospecha algo. Además, que la avise la misma mañana en que han decidido irse le parece muy precipitado...

Por eso ha pensado en ir a ver a Enriqueta, por si ella sabe algo más. Observa a Lily con esa sonrisa angelical de cuando se le ha metido algo en la cabeza, y no sabe si llevarlos con ella. Decide que no, porque, si no encuentra a la abuela, quizás tenga que preocuparse de verdad y no los quiere preocupar a ellos también.

–Bueno, pues vuelvo enseguida. ¡Portaos bien!

Cuando la puerta se cierra, Lily se dispone a poner patas arriba toda la librería para encontrar pistas sobre la Asociación Secreta de Mujeres Mayores con Sombrero. Teo, en cambio, ya se ha sacado la consola del bolsillo y está jugando. El ruido que hace la máquina mezclado con el de soplarse el flequillo cada pocos segundos saca de quicio a Lily.

–Muy bien, Teo. Tú haz guardia por si pasa algo y vuelve alguien, o por si escuchas algún ruido. ¡Si es que puedes oír cualquier otro ruido que no sea ese! Yo voy a investigar. ¿Teo?

Pone los ojos en blanco, pero Teo ya no la escucha. Se dedica a escudriñar los papeles que encuentra encima del mostrador y dentro de los cajones. Son facturas y algunos pedidos. Entonces piensa que la mayor parte de la información debe de estar en el ordenador, y lo enciende. Tiene la suerte de cara, porque no hay ninguna contraseña para entrar. La madre de Marcos es demasiado confiada... Cuando la encuentre, se lo tendrá que decir...

Allí hay un batiburrillo de carpetas, de números, de ficheros, de fotos. ¡Nunca encontrará nada! Pincha en el buscador del ordenador y escribe «asociación». Encuentra unas cuantas entradas, pero son asociaciones de escritores, de bibliotecarios, de maestros, de cuentacuentos, de mujeres..., de todo excepto asociaciones secretas. Busca «sombrero» y no hay resultados.

–Voy al lavabo –dice Teo de repente.

Lily continúa rebuscando en el ordenador, sin suerte. Intenta entrar en el correo electrónico, pero ahora sí que necesita una contraseña que no consigue averiguar. Suspira. Las cosas no van bien y su madre volverá pronto.

Cuando ya se ha cansado de cotillear en aquella máquina, ve que Teo no está. Se dirige hacia el lavabo para pedirle que la ayude con la investigación.

–¡Acabo enseguida!

Lily está apoyada en la puerta de al lado del lavabo, que es estrecha y parece un armario para guardar los trastos de limpieza. Como Teo aún tarda, empieza a juguetear con los dedos sobre la madera envejecida de la puerta. Piensa, ensimismada, que quizás valga la pena volver a mirar la libreta de Marcos, repasar todos sus apuntes, buscar dentro de las enciclopedias de Nacho, quizás...

De repente, da un respingo. Deja los dedos quietos en un punto de la madera y el corazón le late muy deprisa. Justo entonces se oye el ruido de la cisterna, se abre la puerta y aparece Teo.

–¡Teo, Teo, Teo! ¡Ven, mira!

Teo acerca la vista adonde Lily tiene los dedos.

–¿Qué tengo que mirar exactamente?

–¡¡¡Lee!!!

–ASDMMCS.

–¡Toma!

–¿Toma qué? Una puerta pintada con rayajos. ¡Como lo vea Jana, ya verás!

–Déjate de rayajos. ASDMMCS.

Teo y Lily entonces se miran y dicen a la vez:

–Asociación Secreta De Mujeres Mayores Con Sombrero.

–Las preposiciones también van en mayúscula.

–¿Cómo dices?

–Que las preposiciones *De* y *Con* también forman parte de la sigla.

–¡De acuerdo, sí, esto es muy importante para nuestro caso! –Lily pone los ojos en blanco otra vez.

Los dos amigos intentan abrir la puerta. Es demasiada casualidad que estén aquellas letras grabadas en el cuartito de la limpieza.

–No se abre.

–Vale, quizás necesitemos una llave.

–O quizás podemos probar como en las pelis, en plan salvaje saltando con fuerza.

Lo prueban, pero solo consiguen hacerse daño.

Entonces corren hacia el mostrador, donde Jana guarda algunas llaves. Allí, en el fondo de un cajón, bajo un montón de folios, solita, como dejada en el olvido, hay una llave pequeñita y algo oxidada.

–¡Tiene que ser esta! –exclama Lily.

La cogen y corren de nuevo hacia el trastero.

Todavía les duele el cuerpo del golpe contra la puerta, cuando la llave gira, emite un chasquido metálico y cede.

–¡Ya lo tenemos, Teo, ya lo tenemos!

Teo sopla su flequillo y nota las cosquillas de la emoción subiéndole por la espalda.

De la Asociación Secreta De Mujeres Mayores Con Sombrero

Tras la puerta se esconde la oscuridad más absoluta. No llevan ninguna linterna ni tampoco un móvil para que les ilumine.

–¿Lo ves? ¡Siempre he dicho que ya tenemos edad para tener móvil! –se lamenta Teo.

Lily va palpando las paredes en la oscuridad, pero no encuentra ningún interruptor. Enciende la luz del lavabo de fuera para que ilumine un poco. Descubren unos peldaños justo enfrente.

–Tendremos que pasar con esta luz.

–¿Y si hay alguna araña?

–Tampoco la verás... ¡Lo importante es no caerse de bruces por la escalera!

Andan a tientas, despacio, con una mano tocando todo el rato la pared. El espacio es algo estrecho, pero el ambiente no es pesado. La luz débil del lavabo va quedando atrás y cada vez se vuelve todo más oscuro. Bajan los escalones muy despacio y estos, al final, se acaban. Los dos se paran. Ya no hay luz que les ilumine y no tienen ni idea de si han bajado mucho o poco.

A continuación, siguen andando a través de lo que parece un pasillo eterno, pero lo que pasa es que caminan como los caracoles, arrastrando los pies con mucha lentitud. Como no caben uno al lado de la otra, Lily encabeza la comitiva. De repente, se para. Teo choca contra ella.

–¿Qué pasa?

–¡Mira, Teo! –susurra–. Allí al fondo se ve luz.

Se ponen nuevamente en marcha y, a medida que se acercan al resplandor, se escuchan también unas voces.

–Tenemos que ir con cuidado, Teo. ¡No nos tienen que ver! ¡No sabemos quién puede haber allí!

–¡El gorila!

–¡Shhh!

Los dos se callan. Andan todavía más despacio y no avanzan nada. La luz se ve más nítida y los murmullos aumentan. Pero, de pronto, algo que no esperan les roza los tobillos. Y no parece una araña, ¡es mucho más grande!

Lily y Teo se agarran más fuerte las manos. Se paran. En la oscuridad se buscan los ojos. Y aquella cosa les vuelve a pasar entre las piernas haciéndoles cosquillas y poniéndoles los pelos de punta.

–¡Corre, corre! ¡Aquí dentro hay alguna cosa asquerosa!

Esto lo dicen gritando, y entonces se ponen a correr a toda prisa a oscuras, dándose porrazos el uno contra la otra, contra la pared, chillando, sin mirar por dónde y moviendo los brazos arriba y abajo para apartar aquella cosa que no ven. Corren hacia la luz y ya no piensan en nada más que en huir de lo que sea que les ha pasado rozando las piernas.

De esta guisa aterrizan en medio del umbral de una puerta, con la respiración agitada y muertos de miedo, y entonces pierden el equilibrio y caen al suelo de morros.

–¿Teo? ¿Lily?

Los dos amigos levantan la mirada y se encuentran con Marcos y su abuela, que los observan con estupefacción. Justo en aquel momento aparece ante ellos Sauron, el gato de color naranja, y les pasa por al lado rozándolos con la cola. Aquella cosa asquerosa gigante en la oscuridad era el gato de Marcos. Tendrían que habérselo imaginado.

–¿Teo? ¿Lily? ¿Qué hacéis aquí?

Lily es la primera en ponerse de pie y se sacude los pantalones. Tose un poquito antes de hablar.

–¡Hemos encontrado la libreta!

De pronto, Marcos se pone rojo como un pimiento. Se le nota sobre todo en la raíz de sus cuatro pelos finísimos.

–Ah.

Solo dice esto, medio atragantado por la vergüenza.

Pero justo en aquel momento algo llama instantáneamente la atención de Lily, que ya no mira a Marcos, sino a una enorme bola de pelo que permanece quieta en medio de aquella sala.

Teo da un respingo.

–¡La bola de pelo enorme! ¡Es tal y como la había descrito Marcos en la libreta!

Se acerca hasta ella de un impulso y la toca. Tiene un tacto como de animal salvaje. Aunque nunca antes ha tocado ningún animal salvaje...

–Se parece un poco al estilo de tu melena ahora mismo, Lily –dice Teo bromeando. Lily tiene pelo afro y le molesta mucho que su amigo siempre se meta con ella por eso. Marcos, en cambio, admira profundamente el cabello de Lily y el de su hermano Nacho, pero sobre todo el de Lily, que le parece de una elegancia que no tiene ninguna otra persona que él conozca.

Lily le da un empujón a Teo.

–¡Pues con tu flequillo podríamos hacer una sábana y convertirte en momia, plasta!

Teo le da una colleja. Lily se la devuelve.

La abuela consigue separarlos y los dos bajan la cabeza, avergonzados.

Pero enseguida se olvidan y miran a Marcos otra vez.

–¡Marcos! ¡¡¡Enséñanos la picadura del tobillo!!!

La abuela se cruza de brazos y los interrumpe:

–Muy bien. Sois muy listos y habéis descubierto mi cuartel secreto y todo lo demás. Pero ahora nos tenemos que dar prisa. Ya le veréis la picadura más tarde. Ahora necesito que me ayudéis. ¿Dónde está tu madre? –mirando a Lily–. ¿Sabe que estáis aquí?

–No, mamá se ha ido un momento y nos ha dejado solos en la librería, pero volverá enseguida.

–Se preocupará mucho si ve que vosotros también habéis desaparecido, así que tenemos que actuar deprisa.

–¿Y dónde están las otras señoras mayores con sombrero?

La abuela se queda en silencio y después dice:

–Esto es una asociación secreta *online*. De mujeres mayores con sombrero de todo el mundo. Y esta sede la llevo yo sola. Aquí solo estoy yo.

–¿Pero qué se supone que hacen las mujeres mayores con sombrero?

La pregunta de Teo queda suspendida en el aire. Finalmente, la abuela vuelve a suspirar.

–A ver, no hay mucho tiempo para entretenerse con esto, chicos. Tenemos que actuar. Pero supongo que vale más que os lo explique un poco para que lo entendáis mejor. Lo primero que os pediré es que no digáis nada de esto a nadie. ¿Palabra de sombrero?

–No tenemos sombrero.

–No pasa nada.

–Pues... ¿palabra de sombrero...? –repiten los dos amigos despacio.

–Lo que os voy a contar ahora mismo es un asunto familiar. De muchas ramas familiares del mundo. Las abuelas (o las mujeres mayores con sombrero) procuramos que este asunto se mantenga de la forma más discreta posible. Pero cuando nuevas generaciones lo descubren siempre hay algún problemilla. Y vuelven las aventuras. Algunas de ellas pueden llegar a ser peligrosas.

–¿Peligrosas? –los ojos de Lily se encienden.

–Sí. Se descontrola un poquito el árbol genealógico.

–¿Qué árbol genealógico?

–El árbol genealógico del cabello persona.

De la historia de las generaciones del cabello persona

–Seguidme –dice la abuela–. Marcos, tú quédate aquí vigilando a Nacho por si pasa algo nuevo. Dame un grito y volveré enseguida.

–¿Adónde vamos? –pregunta Lily.

–Ahora lo verás.

Entonces los dos amigos se fijan en la sala donde habían estado hasta ese momento: una habitación pequeña con un escritorio y una silla. El resto está lleno de plantas, sobre todo de cactus. Hay otra puerta por donde parece que continúa el pasillo, justo por el lado contrario de por donde han cruzado primero, y es allí por donde siguen a la abuela.

–¿Más pasillos? ¡Esto parece un laberinto!

–Sí. Si no lo conoces bien, puede llegar a ser un laberinto.

–Pero estamos bajo la librería, ¿no? ¿Es algún tipo de túnel escondido?

–Puede ser...

La abuela Enriqueta toca un interruptor y se enciende una luz muy tenue, como toda la iluminación de aquel lugar tan misterioso. Aun así, es suficiente para dejar al descubierto una serie de fotografías estrafalarias colgadas encima de más macetas con plantas. Teo estalla en una carcajada muy sonora.

–¿Qué es todo esto?

Hay cuadros pintados, fotografías en blanco y negro, otras en unos tonos sepia, algunas actuales a todo color... En algunas imágenes, sobre todo en las pintadas y en las de blanco y negro, lo que se ve son rostros cubiertos por matas de cabello exuberantes. Como el de Nacho. En las más actuales, las personas aparecen con sombreros en la cabeza. Sombreros de todo tipo. De copa, de policía, gorras, pamelas, de payaso...

El pasillo parece interminable.

–Abuela Enriqueta, ¿qué es todo esto?

Lily se detiene. Lo quiere saber todo.

La abuela se coloca bien el sombrero lila con las bolitas parecidas al muérdago y da media vuelta por donde han venido, hacia la sala donde están Marcos, Nacho y las plantas. De repente, antes de entrar, se para ante una fotografía en blanco y negro que parece que ha sido coloreada por algunas zonas. En ella se ve a una mujer con el rostro serio y los ojos muy redondos. Viste un sombrero de época, como un casco, negro por encima y con un tono granate en el ala de delante. Lo decora, a un lado, un clavel enorme de color rojo. Por detrás de la oreja izquierda se le escapa un tirabuzón que le cae por encima del hombro.

–Esta es mi abuela. La tatarabuela de Marcos y Nacho.

Lily y Teo la miran llenos de curiosidad.

–Cuando yo era pequeña, la abuela desaparecía a menudo. El abuelo no decía nada, leía el periódico y fingía que todo iba bien. La gente hablaba mucho, eran otros tiempos. Vivíamos todos juntos, mis abuelos, mis padres y yo, en un piso no demasiado grande y todos éramos muy conscientes de que pasaba algo. Pero todo el mundo se callaba. Mi abuela, al final, siempre regresaba. Pulcra y elegante, con su sombrero con un clavel. Como si nunca se hubiera ido.

Entonces la abuela Enriqueta les detalla con pelos y señales toda la historia:

–Un día me desperté de madrugada. Había oído unos ruidos extraños. Me acerqué a la habitación de mis abuelos y la puerta estaba medio abierta. Mi abuela se había quitado el sombrero y llevaba la melena suelta hasta el suelo. Le cubría también la cara. Estaba inmóvil sentada encima de un taburete. Mi abuelo dormía plácidamente en su cama. Me puse junto a la abuela, con un poquito de miedo. La llamé por su nombre, pero no me respondió. Entonces le toqué el cabello. Era suave, pero muy espeso. Daba la sensación de que allí solo había pelo. Que la abuela *no estaba*.

»Yo era más curiosa que miedosa, así que traté de apartar aquellos mechones de su cara y lo que pasó fue increíble. Mis dedos se hundieron dentro de la mata de cabello. Como si la hubieran traspasado. Hundí también el brazo, después el hombro y, al final, cerré los ojos; y, de alguna manera que no se puede explicar, me metí *dentro*.

»Aquel fue mi primer viaje a un cabello persona.

»Allí había muchos trenes. Trenes de todas clases. Eran trenes antiguos que funcionaban con carbón y echaban mucho humo y hacían mucho ruido. En uno de los vagones vi a la abuela. Llevaba una maleta y bajaba del tren, recogiéndose el dobladillo de su vestido azul. Cuando nuestras miradas se cruzaron, se sorprendió, vino hacia mí y me dijo que teníamos que irnos de allí.

»Me llevó a la parte trasera de la estación y me ayudó a subir hasta la azotea por una tubería. Era muy extraño, pero muy emocionante; ¡yo estaba muy excitada! La abuela se encaramó tras de mí, y, cuando llegamos a lo más alto, me dijo que me tenía que agarrar fuerte de ella y cerrar los ojos. Nos abrazamos, nos sentamos sobre las tejas y, como si fuéramos con trineo, nos deslizamos por aquel tejado.

»¡Yo no entendía nada de nada! Estaba segura de que nos despeñaríamos e iríamos a chocar contra el suelo en

61

pocos segundos! La agarré con mucha fuerza, cerré los ojos y... ¡PATAPAM!

»Caí al suelo, sí. Pero al suelo de la habitación de los abuelos. ¡Aquello fue fabuloso! Mi abuelo estaba despierto y sentado en pijama junto a la cama. Lo miré y después señalé la bola de pelo que había en el taburete. El abuelo se puso de pie, cogió un peine y el sombrero en forma de casco y empezó a peinar el cabello de mi abuela, a hacerle trenzas y a ponerlas debajo del sombrero, y también a cortar algunas partes rebeldes. Lo hacía con delicadeza.

»Poco a poco, apareció la cara de la abuela. En un instante fue como si se despertara, abrió los ojos y me dijo que teníamos que hablar. ¡A su lado apareció un arbusto de la nada!

»Me explicó que nuestra familia, desde tiempos muy antiguos, muy muy antiguos, poseía un gen que todavía no se había dado a conocer. Un gen que en algunos miembros de la familia se despertaba y en otros no actuaba jamás.

El gen del cabello persona.

»Cuando un buen día aquel gen se ponía en funcionamiento, el cabello crecía de una forma antinatural, sin aviso, y se te concedía el poder de meterte en un mundo

mágico. Este mundo era una mezcla de todos los mundos que tus antepasados habían imaginado junto con el mundo que tú habías imaginado. Dentro de él te podías encontrar cualquier cosa.

»Pero esto no siempre era bueno. No todos los miembros de la familia habían sido buenas personas. Y no todas las cosas que podías imaginar en este lugar se podían controlar. Existía cierto peligro en la creación de estos mundos paralelos. Por eso, desde hacía un par de generaciones, se había creado la Asociación Secreta De Mujeres Mayores Con Sombrero, que eran aquellas miembros de la familia que velaban por mantener el orden dentro de los mundos imaginados.

»Desde entonces se había impuesto la condición de llevar siempre el cabello protegido con un sombrero, porque, si el cabello persona se mantenía a raya y no te caía encima por todo el cuerpo, lo podías acabar domesticando, podías decidir cuándo entrar en su mundo mágico y cuándo no. Pero esto requería mucho control y mucha paciencia.

»Me explicó que esta asociación secreta había sido la primera que se había dedicado a estudiar en profundidad este don, la que le puso el nombre *cabello persona*, la que recopiló todos los casos conocidos y la que investigó a fondo el árbol genealógico familiar. Incluso hubo científicas en la familia que trataron de averiguar cómo funcionaba el proceso de crecimiento del cabello y una tía de mi abuela fue quien descubrió que todo provenía de un gen.

»Parecía que todo iba bien, que poder viajar a los mundos de nuestra imaginación y pasar el rato en lugares o con personajes que habíamos creado nos causaba mucha felicidad, y por eso se había perpetuado de generación en generación y teníamos mucho cuidado.

»Pero una parte de la familia empezó a verlo con malos ojos. El hermano de mi abuela era un hombre muy cerrado de mente y estaba convencido de que este gen era peligroso y se tenía que eliminar.

»Él y otros hombres de la familia dejaron de creer en el cabello persona, lo consideraron maléfico, demoníaco, y crearon su propia sociedad secreta para hacerlo desaparecer para siempre.

–Pero y eso, ¿cómo se puede conseguir? –la interrumpe Lily–. ¿Cortando el cabello persona? Pero en el caso de Nacho, ¡después le ha vuelto a salir! ¡No se puede cortar para siempre!

–Bueno, fueron perfeccionando los métodos. Y se dedicaron, sobre todo, a destruir los mundos imaginarios. A

fulminar, a destrozar, a hacer daño. En algunos casos han conseguido acabar con los mundos mágicos de otros miembros de la familia.

–¿Y qué ha pasado?

–Pues que, una vez que te quedas sin mundo, el cabello persona se seca, se cae, y ya no te vuelve a salir igual. Además, te quedas vacía. Es complicado de explicar. Una parte importantísima de ti misma deja de existir y te puedes sumir en una tristeza permanente.

–¡Qué crueldad! –exclama Teo.

–Sí, es muy cruel. ¿Y no piensan que tener este gen o don o lo que sea quizás no sea tan malo? La gente está contenta y no hace daño a nadie –protesta Lily.

–La verdad es que ellos piensan que todas estas cosas son peligrosas. Y a veces hay quien posee una imaginación muy exagerada o ha hecho salir al mundo real, sin querer o sin pensar en las consecuencias, *cosas* que quizás no tendrían que haber salido...

Los tres se encuentran de nuevo en la salita donde están Marcos, quien todavía lleva a Sauron en brazos, y Nacho, completamente inmóvil y cubierto de pelo.

Lily y Teo se han quedado callados.

–A mí me ha pasado lo mismo que a vosotros cuando me he enterado –dice de repente Marcos–. Lo he sabido

hace nada. Es increíble. Y, si no lo hubiera vivido, no me lo habría creído ni en un millón de años.

Sauron da un salto y se planta en el suelo, junto a la bola de pelo. La agarra con las zarpas.

–Lo que está pasando ahora mismo dentro del cabello persona de mi hermano es un problema como una catedral –continúa diciendo Marcos.

–Un primo lejano de Jana, que está en el bando contrario, ha descubierto que a Nacho también se le ha despertado el gen y quiere aprovechar que todavía no sabe controlarlo para destruirlo –explica la abuela.

–¡Ay, madre! –gritan Teo y Lily a la vez–. ¿Y qué podemos hacer?

–De momento no nos podemos quedar de brazos cruzados. ¡Tendremos que entrar *ahí* todos juntos y ayudarlos a volver!

Lily abre los ojos como platos.

–¿Quieres decir...? ¿Quieres decir que entraremos...? –Se gira y señala a la bola de pelo–. ¿Quieres decir que entraremos AHÍ DENTRO?

Lo expresa con un grito de ilusión. Teo pone cara de sorpresa. Marcos se ha vuelto a quedar blanco. Sauron ya se ha escapado de los brazos de su dueño y es el primero en desaparecer dentro de la espesa mata de pelo.

De cuando todo
se complicó

Ya vuelvo a estar aquí. Soy Marcos, claro, ¿quién iba a ser si no? Creo que en mi caso no se me va a despertar el gen extraño de la familia, pero sí tengo un don para la escritura. Me gusta y se me da bien. Además sin ordenador, ojito.

En fin. Que hace falta que todas estas historias tan *rarunas* de mi familia queden por escrito. Por lo tanto, me he autonombrado cronista oficial de la familia.

Es muy necesario que alguien tome nota de todo y se documente sobre la vida de toda la gente que está colgada en la pared del pasillo. Ah, y no nos olvidemos de que habrá que clasificar los centenares de plantas y árboles y arbustos que van saliendo cada vez que alguien vuelve de un viaje y le cortan el cabello persona.

Sí, y que la abuela Enriqueta guarda en su cuartel general...

Somos una familia que tiene cuarteles generales secretos.

Un trabajazo, la verdad.

Pero, antes de dedicarme a esta *tarea titánica* (esto lo dice mi madre cuando la librería está patas arriba tras la llegada de las últimas novedades), mejor será que regresemos al hilo de la historia de mi hermano. Que también voy a escribir, por supuesto.

Que Lily y Teo, mis mejores amigos, estuvieran allí con nosotros me hizo perder parte del miedo. Al principio, entiéndeme, me dio vergüenza pensar que habían leído mi libreta con aquellas confesiones tan íntimas. Pero ahora me alegro. Porque no han dudado ni un solo momento de la veracidad de la historia.

Son unos buenos amigos. Los mejores amigos del mundo.

Como siempre, y no sé cómo lo consigo (o cómo lo hacen los demás para ser tan rápidos, caramba), fui el último en saltar dentro del cabello persona de Nacho.

La abuela se lanzó después del gato, y mis amigos, sin mirar atrás, saltaron de cabeza. Y yo todavía estaba allí, plantado como una alcachofa. De todas maneras, a

causa de esto pude ser testigo de primera mano de un suceso muy preocupante.

El cabello de mi hermano se había empezado a estropear. No sabría decir de qué forma, pero, a ver, para que me entiendas, cómo te lo diría, se le habían estropeado las puntas. Sí, las puntas. Quemadas, como si las hubiera tenido al sol o en el cloro de la piscina mucho rato durante muchos días. Me dio la sensación, y no me lo invento, de que el pelo se le iba a empezar a caer de un momento a otro.

Con esta sensación tan mala en el cuerpo, se me disparó la adrenalina y di el salto de mi vida para poder decirle a la abuela que el tiempo jugaba en nuestra contra.

Cuando caí de culo en el mundo imaginario de Nacho, enseguida entendí que algo no iba bien.

Los colores parecían más apagados. En realidad, eché algo en falta. No sabría decir qué era exactamente. La abuela, al verme tan despistado, me agarró del brazo y me llevó con los demás.

—¡Atento, Marcos, que ahora no nos podemos perder de vista los unos a los otros y tenemos que ir con mucho cuidado!

Sauron se puso a maullar sin parar mientras yo les contaba lo que acababa de descubrir.

–Nos tenemos que dar prisa. ¡El mundo imaginario de Nacho está en peligro! ¡Ya se le empieza a caer el pelo! ¡Se le está secando!

La sensación evidente de que algo no iba bien se hizo cada vez más fuerte allí dentro. Y nosotros éramos un grupo extraño. Mi abuela abría la comitiva y caminaba deprisa. ¡En aquel momento entendí, por fin, la obsesión que tenía con llevar siempre deportivas!

Teo y Lily parecían alucinados de ver que allí todo era tal y como yo lo había descrito en la libreta. Pero coincidieron en que faltaba algo.

–Es como si se estuviera desdibujando. Como cuando cae agua sobre una acuarela –dijo Lily, con mucho acierto. Es toda una poeta.

Teo estaba nervioso y había sacado la consola para jugar una partida rápida. Creo que le costaba asimilar las situaciones de peligro.

De repente la abuela se detuvo.

–Ya estamos cerca.

–¿Cerca de dónde?

La abuela señaló el suelo y descubrimos unos cuantos mechones de pelo.

–¡Son los rizos de Nacho!

Me agaché rápidamente y los toqué. Estaban que-

mados, como los que había visto en el cuartel secreto de la librería.

–Pero ¿cómo se los ha podido cortar?

–Aquí dentro sí se pueden cortar.

–Pero ¿quieres decir que le ha cortado toda la melena?

–No, toda no. Si la corta toda, lo único que conseguirá será encerrar aquí dentro para siempre a Nacho y a vuestra madre, que no tendrán forma de salir. Pero él no quiere eso. No quiere hacerles daño, lo que quiere es destruir este mundo.

–¿Y no es lo mismo?

–Para él no. Lo que quiere es debilitar la fuerza de Nacho para poder ir deshaciendo su mundo. Y que vuelva a ser un niño normal de nueve años.

Yo me había vuelto a asustar mucho y los pelillos de la nuca se me habían erizado. Mis cuatro ridículos pelos rubios de la nunca, todo hay que decirlo.

Aquel primo lejano me daba pavor, un pavor mucho más inmenso incluso que un gorila.

–¡Shhh!

La abuela nos hizo callar porque alguien se acercaba. El ruido de la consola resonó con fuerza en medio de aquella selva de colores. Lily le hizo una señal a Teo para que la apagara. Tuvimos el tiempo justo de dar un

pequeño salto y escondernos tras unos arbustos para que no nos descubriera.

–¡Pero qué demonios...! ¡Son ortigas!

Y el picor empezó a hacerse insoportable.

Por desgracia, no todos fuimos tan rápidos. Cuando me di cuenta, Teo todavía estaba de pie tratando de meter la consola dentro de su bolsillo. Supongo que, llegados a este punto, tengo que darle la razón a mi madre cuando siempre me dice que jugar tanto rato con la consola no nos va a traer nada bueno.

Me rasqué con todo el disimulo que pude los tobillos y las manos, que me picaban de una manera insoportable, y noté que mi corazón, el de Lily y el de la abuela latían con una fuerza descomunal. Tratamos de hacerle señas a Teo, que continuaba allí de pie. Pero ¿por qué no se movía?

Alguien apareció tras él. Era un hombre alto, muy delgado, de una delgadez enjuta y fea. Tenía una nariz excesivamente pequeña para un cuerpo tan grande. Y sus cejas eran tan peludas que probablemente tendrían su propio mundo (mamá estaría orgullosa de mi sarcasmo, tengo que reconocerlo).

Teo había sido demasiado lento. Se giró y se lo encontró de morros.

–¿Quién eres tú? –le espetó el primo con una voz atronadora.

Teo no supo reaccionar.

Pero sí lo hizo Sauron, que apareció de detrás del matorral de ortigas donde estábamos todos escondidos.

Saltó a la cara del primo y trató de arañarle, pero el hombre lo agarró por el lomo y lo lanzó contra unos arbustos. Teo, en lugar de aprovechar la confusión para esconderse, se precipitó contra aquel gigante.

–¡Al gato ni tocarlo! –gritó, muy enfadado, mientras le golpeaba en la barriga con los puños cerrados.

Y es que si hay algo en el mundo que nos gusta a mí y a mis amigos son los animales. Por eso no podemos soportar que nadie les haga daño. Así que entiendo que Teo en aquel instante reaccionara de aquella forma ante lo que acababa de hacerle aquel individuo a mi pobre gato.

Pero la cosa no acabó demasiado bien. Ay.

El hombre se hizo con el control de la pelea y acabó atando las muñecas de Teo con una cinta que llevaba en un bolsillo. Yo estaba cagadito de miedo.

–Muy bien. No sé quién eres ni qué haces aquí, pero no tengo tiempo que perder. Acompáñame. Te llevaré a un lugar donde no te sentirás solo.

De las *cosas* que a veces salen al exterior

Me picaba todo tantísimo que se me saltaron las lágrimas. Lily se enterneció pensando que lloraba por Teo.

–Tranquilo, Marcos, no sufras. Ya verás que enseguida lo rescataremos, venga.

Sí, sí. De acuerdo. Pero haber tenido la suerte de encontrar una pomada contra el picor ¡no habría estado nada mal! No pienses que soy un insensible, pero espero que no te encuentres nunca en la situación de estar un buen rato escondido entre ortigas.

El primo lejano llevaba a empujones a Teo y también había cogido a Sauron, que estaba todavía un poco aturdido pero maullaba enfadado. Sé perfectamente cuáles son sus maullidos de mal humor, y aquellos sonaban muy, pero que muy mal.

Llegamos a un claro. Lo que vimos nos heló la sangre. Allí en medio había una jaula enorme con unos barrotes de hierro del grosor de una pierna. Dentro de la jaula se oía mucho alboroto. De todo tipo. Ahora no te lo vas a creer.

Estaban mi madre y Nacho (con el pelo más corto), pero también una araña gorda como un melón, un tucán con un pico más largo que el cuello de una jirafa y, oh, sorpresa: el gorila.

Aquel hombre abrió la jaula y metió dentro a Teo y a Sauron, que saltó a los brazos de mi madre. Teo se abrazó a Nacho. Pero era difícil distinguir mejor la escena, porque seguíamos escondidos y no queríamos que nos descubriera a nosotros también. Eso sí, estoy seguro de que Teo y Nacho se pusieron a jugar con la consola enseguida.

Con el gorila al lado.

Con la araña peluda al lado.

No te puedes imaginar qué sensación. ¿Cómo se les ocurría hacer una cosa así? ¿No estaban aterrorizados? ¿Preocupados? ¿Y si aquellas bestias se los zampaban?

–A ver, tenemos que ir con mucho cuidado –dijo la

abuela susurrando–. Supongo que ahora el primo se habrá percatado de que Teo no ha venido solo y querrá examinarlo todo. Esto puede ser bueno porque lo perderemos de vista un rato y podremos tratar de abrir la jaula y rescatarlos.

–Pero ¿y el gorila...?

–¿Y cómo lo haremos?

–Pediremos más ayuda. Yo voy a tener que salir un ratito y a vosotros os va a tocar aproximaros a la jaula.

–¿Qué quiere decir que vas a tener que salir un momentito? ¿Adónde? –alcé tanto la voz que la abuela puso cara de espanto.

–¡No grites, Marcos! ¡Si nos descubre nos pillará a todos y ya no podremos hacer nada!

–De acuerdo, de acuerdo... –las palabras se me pegaban en la lengua.

–Solo tenéis que investigar cómo se abre.

–Pero ¿y el gorila...?

Yo sufría por aquellos animales enormes mientras Lily tenía los ojos brillantes. Tú no la conoces tanto como yo, así que puedo asegurarte que debía de estar disfrutando con locura de la aventura. En cambio, yo no veía el momento de encontrarme nuevamente en casa, en mi cama, tapado hasta la cabeza con la sábana.

La abuela nos dio dos besos a cada uno y desapareció selva adentro. Fabuloso. Nos había dejado solos de verdad. ¡No éramos tan mayores como para quedarnos solos en medio de una selva rodeada de peligros!

Lily miró el espacio que nos separaba de la jaula.

–Muy bien, Marcos. Tendremos que ser rápidos. La jaula está en el centro del claro. Aunque hay algunas hierbas altas, no lo son tanto como para que el pirado del primo no nos vea.

Yo no hacía más que asentir con la cabeza, pero se me había puesto un nudo en la garganta y me costaba respirar.

–A la de tres saldremos disparados hacia la jaula, tú a un lado y yo al otro, y lo examinaremos todo con cuidado, no nos pararemos a saludar a nadie, ni miraremos a ninguno de los animales que hay ahí dentro, no haremos nada más que buscar la manera de abrirla para podérselo decir a Enriqueta.

Seguí asintiendo, aunque lo único que trataba de conseguir era recuperar la respiración. ¿Cómo había sido la abuela capaz de dejarnos solos allí un ratito de nada con toda aquella responsabilidad tan grande? Me prometí a mí mismo empezar a ser más responsable con cosas de casa que antes se me hacían aburridísimas.

¡Habría pagado lo que fuera en ese momento para estar limpiando el baño en lugar de encontrarme en aquella selva a punto de correr hacia los brazos de un gorila gigante!

Lily interpretó el movimiento de mi cabeza como un «de acuerdo», y contó con los dedos y en voz bajita dijo:

–Uno, dos y... ¡TRES!

Y salió disparada.

Yo seguía quieto como una estatua. Y es que sieeeempre me toca quedarme el último. Y no me gusta, ya lo sabes. Pero, como me daba más terror lo que me pudiera pasar allí solo, escondido, que no corriendo como un loco detrás de Lily, enseguida me puse en marcha como un cohete.

Y lo confieso: soy rápido. Lily también lo es, pero yo voy más deprisa y enseguida la alcancé. Me hizo una señal para que me dirigiera a la zona opuesta de la jaula.

Mi madre nos vio enseguida, pero Lily se tapó la boca con el dedo haciéndole un gesto para que no dijera nada. Mi madre me miró y se puso las palmas de la mano en el corazón para indicarme que me quería mucho. Mi madre suele hacer este tipo de cosas. No me avergonzó demasiado, en realidad me sentí orgulloso de poder salvarla.

Nacho y Teo ni se enteraron de que estábamos allí. Como había visto desde lejos, jugaban con la consola y estaban completamente abducidos por el juego.

A Lily le tocó el trozo de la jaula donde estaban las personas. Me pareció que mamá le daba algunas indicaciones. Yo tengo tan mala suerte que me tocó la parte de los bichos. O bestias. O monstruos. La araña estaba justo en el lado del barrote adonde yo había ido a parar. Las patas, largas y llenas de unos pelos que parecían pinchos de erizo extraterrestre, cabían entre los barrotes y me dio mucho repelús que me pudieran tocar.

Lo peor fue el momento en que el gorila se puso a correr hacia mí. Aunque yo sabía que no me podía hacer nada porque nos separaban los barrotes de la jaula, un sudor frío me recorrió toda la espalda y me vinieron unas ganas repentinas de poner pies en polvorosa y regresar por donde había venido.

Y ahora no te puedes ni imaginar lo que pasó. Con el miedo que se me había metido en todo el cuerpo, traté de esconderme del gorila y del primo aquel. Todo a la vez. Y no se me ocurrió otra cosa que agacharme en el suelo, tratando de encontrar un agujero, como un topo.

Fue entonces cuando me di cuenta de un pequeño defecto en la construcción de aquella jaula gigante. Supongo que esto es normal, si se hacen las cosas con prisas.

Resulta que sí había un agujero. De verdad. Un agujero muy pequeño excavado en el suelo, no sé si por la misma colocación de la jaula o porque cualquier otro animal fruto de la imaginación de mi hermano había estado paseándose por allí cavando túneles. Fuera como fuera, aquel agujero me espabiló. Y eso que el gorila ya había chocado contra los barrotes y los agarraba con fuerza, enloquecido, tratando de romperlos.

Yo me decidí a hacer más grande aquel túnel con mis manos. Tal vez no conseguiría nada, pero algo me decía

que sí, que el túnel probablemente podría conectar el exterior con la jaula.

Y, sí, eso parecía, porque la jaula no era demasiado profunda y no tenía suelo propio. Es decir, solo la formaban los barrotes, ¡el suelo era el del propio campo!

–¡Mamá! –grité con fuerza–. ¡Venid todos y ayudadme a cavar un túnel!

El gorila se quedó quieto y me miró. Te juro que me dio la sensación de que era una mirada de afecto. Y, evidentemente, me entendió, porque se puso a sacar tierra con sus manos negras, peludas y gruesas para ayudarme con el túnel.

Lily corrió hacia mi lado y todos en el interior de la jaula se pusieron a rascar con fuerza. Y cuando digo «todos» me refiero también a aquellos animales. Es cierto que eran fruto de la imaginación de mi hermano y supongo que esto hacía que no fueran peligrosos, pero, vamos, que yo no habría sobrevivido encerrado en una jaula con aquellas bestias gigantes, por buenos animales que fueran...

Al final, logramos abrir un boquete enorme por el que cupieron incluso los animales más grandes, que salieron en tropel ante la nueva libertad adquirida. Así fue como tuvimos un pequeño problema inesperado que se añadió a los que ya acumulábamos...

Contentos como estábamos, dándonos abrazos llenos de tierra y plantas y piedras, no nos dimos ni cuenta de que el gorila se había puesto a correr muy deprisa dando vueltas. Cerca del claro estaban los árboles altísimos con las lianas que habíamos usado la última vez para salir de allí dentro.

Ya te lo imaginas, ¿verdad?

El gorila cogió una de las lianas, saltó muy alto y... ¡PATAPAM!

Desapareció.

–Ejem –dije.

Los demás se quedaron mudos. Yo señalé al cielo, donde hacía un segundo había estado el gorila columpiándose.

–Sí. Ahora sí que la hemos liado parda. El gorila acaba de escaparse.

–Y saldrá directamente por la librería...

–Ejem.

Del momento de caos

No tuvimos demasiado tiempo para asimilar lo que acababa de ocurrir porque enseguida nos dimos cuenta de que aquel primo alto como un rascacielos volvía de sus indagaciones por la selva. Cuando vio que la jaula estaba vacía, se puso hecho una furia. Nos miró fijamente y pareció terriblemente enfadado.

No se sabe muy bien de dónde, sacó unas tijeras de podar que no tenían nada que envidiar a la podadora eléctrica de mi madre. Cosas de familia.

–¡Ya está bien! –gritó–. ¡Hoy me estáis dando mucho trabajo!

Pensando que la podadora era para cortarle el pelo a Nacho, nos pusimos en círculo a su alrededor para protegerlo. Pero nos equivocamos. Aquella máquina que parecía una podadora era en realidad un invento maléfico que no cortaba pelo ni césped. Lo que hacía era eliminar todo lo que se le ponía por delante.

La colocó cerca de uno de los árboles altos y este desapareció. Es difícil de explicar lo que quiere decir *desaparecer* en aquel contexto, pero sí te puedo decir que quedó un vacío: no solo no estaba ya el árbol, sino que, a ver si me entiendes, no quedó absolutamente *nada*.

Y esto es lo que pretendía hacer: dejarnos sin árboles con lianas, que parece que eran la única puerta de salida de aquel mundo imaginario.

Desde aquel día siempre me he preguntado cómo habría sido mi mundo si yo hubiera tenido también activado el cabello persona... La verdad es que no tengo ni idea, pero lo que puedo jurar es que para salir no habría lianas en árboles gigantescos. Una puerta siempre es la salida más adecuada para no sufrir ningún tipo de daño.

El primo estaba completamente enloquecido, pero entonces llegó una ayuda que no esperábamos. El tucán de pico larguísimo bajó como un cohete del cielo, lo

cogió y lo elevó. El hombre trató de disparar el arma unas cuantas veces, pero no acertó ni una. Era complicado tener buena puntería cuando ibas cogido como una anchoa por un tucán de la medida de una jirafa.

El tucán lo dejó sobre la copa de un árbol y entonces entró en acción la araña gorda y peluda. Fue asqueroso, pero reconozco que me sentí muy aliviado al ver cómo aquel insecto descomunal tejía una red pegajosa alrededor del pelmazo del primito.

Quedó bien atrapado encima del árbol. Antes, sin embargo, se le cayó el arma de las manos, que fue a impactar contra el suelo y se rompió en un par de trozos. CLEC. Hasta luego, Lucas.

Sin pararnos a pensar en nada más, mi madre nos dijo que teníamos que seguir el camino del gorila y salir de allí.

Ay, y ya estábamos otra vez.

Pero bueno, solo se trataba de cerrar los ojos y dejarse llevar.

Corrimos hacia los árboles con las lianas más altas y gruesas y nos columpiamos los unos a los otros. Como Tarzán, sí, volvimos a lo mismo de la otra vez. Lily y Teo gritaban de alegría, como si estuviéramos en el campamento multiaventura de hace un par de veranos. Yo cerré los ojos y esperé a que todo pasara de nuevo lo más deprisa posible.

Con los gritos de felicidad de mis amigos se mezclaban los de impotencia del primo, que trataba de liberarse de su jaula particular.

Y de aquella manera, uno tras otro, volvimos a aparecer en el suelo del cuartel general de la asociación secreta. Pero, por desgracia, no fuimos los únicos en salir. Detrás de nosotros aparecieron también la araña peluda y el tucán de pico larguísimo. Esto no lo habíamos previsto. Se nos había ido de las manos.

Los dos monstruos se fueron rápidamente por el pasillo. Nos quedamos mudos por la sorpresa. Mi madre reaccionó y, para que ya no se escapara nada más de ahí dentro, abrió un cajón del escritorio y sacó unas tijeras. Empezó a cortar el pelo de Nacho, del que creció un naranjo.

Parece que mi hermano es especialista en germinar árboles frutales. No podría haber plantado romero o alguna otra hierba más discretita...

En unos segundos, Nacho abrió los ojos.

Lily y Teo tenían la boca muy abierta.

–¡Todo esto es brutal! –gritó Teo soplando sin cesar su flequillo.

–Tienes poderes, Nacho, ¡qué pasada!

Pero no nos podíamos entretener más rato en todas aquellas exclamaciones. El gorila, la araña y el tucán estaban libres y había que encontrarlos antes de que el pánico se apoderara de la ciudad.

Demasiadas complicaciones, de verdad.

Me había empezado a doler la cabeza.

Nos quedamos todos en silencio, pero aun así no se oía nada. Salimos por el pasillo que conducía a las escaleras y subimos hasta la librería. Allí tampoco había ninguna bestia gigante. Luego asomamos la cabeza a la calle. Algunas personas paseaban tranquilamente y no parecían estar al corriente de nada raro.

Entonces, ¿dónde se habían metido aquellos tres monstruos?

Levantamos la persiana del todo y anduvimos hasta el parque que había dos calles más allá. En aquel momento sí oímos por fin algunos gritos y vimos gente que salía corriendo de allí.

–¡Esto es el fin del mundo! –gritaba un hombre que tenía los brazos levantados hacia el cielo.

–¡Coged a las criaturas y encerradlas en casa! –gritaba una mujer que llevaba en brazos a dos niños pequeños.

Nosotros nos miramos con preocupación. Ya los habíamos encontrado.

Y, de repente, ocurrió que aparecieron por la calle unas mujeres vestidas con sombreros estrafalarios. Una detrás de la otra, en fila india, serias y silenciosas. Cada una con un sombrero diferente.

Habían tardado en llegar.

Mientras todo el mundo corría de aquí para allá tratando de escapar, aquellas mujeres entraron dentro del parque y nadie se dio cuenta. Sí, las mujeres mayores con sombrero habían aparecido por fin.

Las seguimos rápidamente. Una vez en el parque, vimos cómo el gorila se columpiaba en la zona infantil. No parecía muy peligroso, las cosas como son.

La araña comía con fruición los mosquitos que había junto al lago y el tucán emitía sonidos estridentes desde lo más alto de un plátano.

Y en medio de todo aquello, plantada como si fuera un perro lanudo, estaba la abuela completamente cubierta de pelos.

Todo esto es una locura, lo sé. Lo reconozco. Y es terrible para mi frágil estado de nervios.

Surrealista. Que también es una palabra que me gusta, como *claustrofobia.*

Pero ahora lo entendí todo y lo vi clarísimo: la abuela era la puerta de entrada y de salida de todas aquellas

otras mujeres que habían venido a ayudarnos. La jefa de la ASDMMCS. En un santiamén, consiguieron meter a los animales nuevamente en el lugar donde tenían que estar, en el mundo de Nacho, y ellas desaparecieron dentro de la melena de la abuela caminando la mar de tranquilas y satisfechas una tras otra y dando un saltito. Ya sabes que se suele decir aquello de que vale más maña que fuerza...

Y es que las abuelas suelen ser así.

Nos quedamos boquiabiertos. Menos mal que no lo vio nadie más.

Justo en aquel momento, llegó la policía. Nos observó de arriba abajo.

–Señora, ¿se encuentran bien? –dijo una policía dirigiéndose a mi madre.

–Sí, sí, no se preocupe.

Me di cuenta de que debíamos de tener un aspecto bastante raro.

–Hemos recibido un aviso muy extraño y todo el mundo parece que ha perdido la cabeza. Usted y sus hijos no tendrían que estar aquí en medio del parque. Hay fieras sueltas.

–Perdone, agente, es que hemos bajado a pasear al perro... –se excusó mi madre señalando la bola de pelo que era mi abuela.

–Y al gato –dijo Lily, que llevaba a Sauron en brazos.

Todos nos quedamos callados. La policía nos miraba a nosotros, al gato y a la bola de pelo. Entonces fijó la vista en Nacho. Es cierto que iba todavía con el pijama de robots y tenía un aspecto muy extraño. De pronto la policía se acercó a la bola de pelo y nos temimos lo peor.

–Señora.

–¿Sí, agente?

–¿No sabe usted que los perros tienen que ir atados con la correa?

Mi madre suspiró aliviada y se disculpó.

–Es que con tanto crío, ya sabe, voy loca y...

–Sí, sí, haré la vista gorda. Pero, por favor, vuelvan a casa ahora mismo, es peligroso quedarse cerca del parque.

Pero mi madre siguió quieta. La policía también.

Nos teníamos que mover, claro. Lo que pasa es que como la bola de pelo no era un perro sino mi abuela Enriqueta, no nos podíamos ir porque *aquello* no nos seguiría de ninguna de las maneras... Pero la policía no cedía.

–¿Es que no me ha oído?

Y fue así como mi madre tuvo que coger en brazos a la bola de pelo, que se ve que pesaba como una vaca, y salimos de allí pies para qué os quiero.

–Es un perro muy vago, señora agente. Siempre tengo que acabar llevándolo yo, ja, ja, ja.

La policía puso una cara rara y vi que se fijaba en los pelos grises y rizados de la abuela, que, con el movimiento del zarandeo de llevarla al brazo, habían dejado al descubierto una de las zapatillas de hacer deporte con los cordones naranjas.

–¡Señora, señora, perdone, pero...!

Pero mamá siguió corriendo con la abuela encima, y nosotros, obedientes y sin rechistar, la seguimos también a toda prisa sin girarnos ni una sola vez.

–Cada día hay familias más raras... –murmuró la policía poniendo los ojos en blanco. Y decidió olvidarse de nosotros y centrarse en buscar a las fieras sueltas.

Como ves, nos salvamos por los pelos.

Nunca mejor dicho, ¿eh?

Sarcasmo.

Del final
de la aventura

Lo que de verdad de verdad nos dio miedo fue oír gritar a Sandra, la madre de Lily, cuando nos vio llegar a todos juntos a la librería con aquella pinta tan rara que llevábamos. Sus gritos eran tan fuertes que Sauron dio un salto y se escondió bajo el mostrador.

—Pero ¿has perdido la cabeza, Jana? ¿Dónde narices os habíais metido? ¿Y donde vais con estas pintas? ¡Lily! ¿Se puede saber por qué te has ido de la librería cuando te he pedido claramente que no os movierais de aquí? ¡¿Es que os habéis vuelto todos completamente locos?!

Bajamos la cabeza. Mi madre había dejado discretamente el bulto (que era la abuela) detrás del mostrador, pero Sandra estaba tan fuera de sí que ni se dio cuenta.

Seguía gritando muy enfadada.

Y tenía toda la razón del mundo, ya me entiendes.

Y lo peor era que no podíamos contarle la verdad. Imagina qué panorama...

–¿Es que no te has enterado? ¡Se ha escapado un gorila! ¡Y anda cerca de aquí! Pero ¿en qué mundo vives, Jana?

Buena pregunta...

Mi madre trataba de explicarse, pero Sandra seguía fuera de sí y no la dejaba hablar. Entonces la abuela Enriqueta hizo una entrada espectacular. Y es que mi abuela ya tenía tanto control sobre su cabello persona que no necesitaba a nadie para salir sola cuando le diera la gana. Se oyó un chasquido y aquella mata de pelos enorme se puso de pie tras el mostrador, cogió el sombrero lila del suelo y empezó a peinarse los rizos y a meterlos dentro con mucho cuidado.

–¿Enriqueta? –Los ojos de Sandra se abrieron como naranjas–. ¿Pero se puede saber qué hacías detrás del mostrador? ¿Y por qué vas tan despeinada?

La abuela, como no podía ser de otra manera, no pudo evitar perder unos cuantos mechones, de los cuales empezó a crecer un cactus redondo como una manzana con unos pinchos larguísimos.

Sandra se acercó a donde estaba la abuela porque no entendía nada de nada. Cuando vio aquel cactus plantado allí en medio, ya se quedó muda del todo.

Entonces nos examinó a todos con una mirada fulminante y acertó a decir:

–No quiero saber nada más de esta historia hasta que no me recupere del susto. Lily, a casa conmigo. Teo, ahora mismo te llevo a casa de tus padres. Y Jana y Enriqueta, por el amor de Dios, recoged esta planta tan peligrosa antes de que algún niño se clave un pincho o el gato quede ensartado como una aceituna. Y después haced el favor de volver a casa y daros un baño. ¡Parece que acabéis de llegar de la selva!

Yo me puse rojo hasta en la punta de mi pelo tan fino.

Nacho, en cambio, se echó a reír con fuerza y nos acabó contagiando la risa a todos.

Mamá se abrazó a Sandra y le pidió disculpas.

Todo el mundo se había vuelto loco, pero yo quería respuestas. Todavía no estaba todo claro y, en cuanto pudiera, acorralaría a la abuela y le pediría explicaciones. Aproveché aquel último momento de confusión para levantar con cuidado el cactus del suelo. Lo observé con curiosidad. Era un *Echinocactus*. Al final, acabaré haciéndome botánico, como si lo viera.

Mientras yo procuraba apartar el *Echinocactus* de todos los que estábamos allí, Sandra y mi madre pudieron intercambiar unas cuantas palabras. Parece que mamá finalmente la tranquilizó contándole alguna historia bastante verosímil, y Sandra, que no paraba de repetir que a pesar de todo seguía muy enfadada porque había pasado mucho miedo y que aquello tardaría mucho tiempo en olvidarlo, la creyó.

Antes de irse, Teo y Lily me abrazaron con tanta fuerza que se me despertaron todos los picores provocados por las ortigas, pero me hizo mucha ilusión que me valoraran tanto aunque yo no tuviera despierto el don familiar del cabello persona.

–Marcos, ahora los cuatro compartimos un secreto y será necesario que nos reunamos a menudo en vuestro cuartel general de los robots por si alguna vez vuelve a ocurrir algo parecido.

Teo ya había vuelto a sacar la consola, pero nos miraba de refilón.

–Supongo que tienes razón –dije encogiéndome de hombros.

–Tendrás que redactar unas normas básicas sobre nuestra asociación.

–¿Nuestra asociación?

–Hombre, nosotros también necesitamos una asociación. No somos mujeres mayores con sombrero, pero tenemos a Nacho. Y habrá que ayudarle a mantener su mundo intacto.

Mi hermano hojeaba una enciclopedia que hablaba de arañas gigantes y peludas y no oía lo que decía Lily.

Entonces Lily y Teo me chocaron las manos y me guiñaron un ojo. Yo estaba muy orgulloso de que me hubieran encargado la redacción de la normativa. Bueno, ya lo sabes: me gusta escribir. Y las plantas.

Antes de irse, Sandra me dio un beso en cada mejilla y me dijo, en tono confidencial:

–Marcos, creo que tú eres el más sensato de esta familia. Haz el favor de vigilar de cerca a tu madre.

Ay, cuántas cosas tenía que callarme. Cuántas responsabilidades. Si hubiera tenido el pelo más espeso, ahora mismo se me habría vuelto grueso, fuerte, negro y brillante, y yo habría crecido como un gigante, como un gorila. Y me habría metido dentro para que me dejaran respirar.

Pero, a pesar de mi aspecto escuálido, mi falta de valentía (a veces) y los cuatro pelos lacios de mi cabeza, todo el mundo confiaba en mis capacidades para mantener el orden. Quizás sí acabaría siendo un buen miembro de una asociación secreta sobre cabellos persona...

Porque, en aquel momento, ser realista y racional era muy importante. Aunque me hubiera encantado vivir una aventura como aquella en mi propio mundo y usarlo siempre que quisiera.

Y es que esto fue lo que la abuela nos explicó que podría hacer Nacho si seguía todas sus indicaciones a partir de ahora. Usar su mundo imaginario cuando le apeteciera.

Así, después de aquel día, durante un tiempo nos reunimos cada semana en el cuartel general de la ASDMMCS para aprenderlo todo sobre el cabello persona, cómo funcionaba, cómo se podía controlar, cómo se podía vigilar, cómo se podía mantener a raya. También volvimos a viajar a menudo allí y yo siempre acompañaba a Nacho, que ahora se había acostumbrado a llevar una gorra de Transformers en la cabeza. Él, como es un hermano que vale su peso en oro, incluyó en su mundo imaginario cosas que me gustaban a mí.

Un día también apareció un *Echinocactus* gigante que me dio mucho repelús porque los pinchos de aquel tamaño eran como estacas muy peligrosas, pero valoré muchísimo sus esfuerzos por hacerme partícipe de la magia familiar que en él se había despertado y en mí no.

Descubrimos también que mi madre había sospechado siempre que la abuela Enriqueta tenía una vida secreta que estaba relacionada con su cabello y que esto la asustaba tanto como a mí el gorila y la araña peluda y, por ese motivo, desde que tuvo uso de razón, decidió que siempre llevaría el pelo rapado al uno.

También hay que decir que a mamá, como a mí, era evidente que no se le había despertado el gen mágico. Esto no parecía importarle demasiado. Al contrario: ya tenía suficiente trabajo con la librería. Y con nosotros.

Un día, a pesar de todo, mientras la veía recoger los libros de los estantes del fondo, me dio la impresión de que le había salido un tirabuzón largo y rizado por la parte de la nuca. Muy largo y rizado. Me tuve que frotar los ojos un buen rato.

Y le recé a Optimus Prime, por supuesto.

De lo que pasó
con el primo lejano

Siempre que la abuela Enriqueta entra en su mundo, se forma una humareda impresionante. Ahora está sola en su casa, todos se han ido ya de la librería. Una vez allí, se ha quitado el sombrero de nuevo y le han empezado a caer mechones de cabellos largos y grises sobre el suelo. Los mueve con elegancia y, ayudada de los dedos, los va desenredando.

De repente, todo apesta a humo y se oye mucho jaleo. Al fin aparecen ante ella las vías y los trenes de una estación muy antigua.

Entonces suena el silbato potente y ensordecedor de un tren que acaba de llegar. La locomotora es negra y

muy grande y en la parte delantera destaca una chimenea de la cual sale el humo del vapor, que lo apesta todo.

La máquina se detiene. Las puertas de los vagones se abren. En aquel momento aparecen una tras otra las mismas mujeres que habían ayudado a la abuela a devolver los animales del parque a la cabeza de Nacho. Se saludan efusivamente.

–¡Hacía años que no teníamos tanto trabajo! –exclama una de ellas, que luce una pamela.

Se quedan de pie viendo cómo el tren se vuelve a poner en marcha y se va, pero enseguida oyen cómo llega otro por otra vía. La abuela escucha un maullido muy cerca de allí.

–¡Sauron, ya pensaba que esta vez no vendrías!

El gato de color naranja salta sobre el sombrero de la abuela Enriqueta. No parece que sea la primera vez que hace una cosa así.

El tren se para y las mujeres van subiendo en fila india. Una vez dentro, se sientan en las butacas elegantes de terciopelo granate. Charlan entre ellas. El tren se pondrá en marcha enseguida y las llevará hacia el mundo imaginario de Nacho. Es el gran secreto que tienen las mujeres de la asociación.

Cuando lleguen, como tantas otras veces que han tenido que hacer lo mismo, desatarán al primo lejano

de la telaraña y lo dejarán marchar dentro de otro tren, rumbo a un lugar tan lejano como aquel, con la condición de que no vuelva a hacerles la pascua nunca más. Después, se dedicarán a poner orden en aquella selva de colores, afilarán el pico del tucán, ayudarán a la araña a coser de nuevo la telaraña y jugarán un rato con el gorila.

Y poco a poco, sin prisa, todo se volverá a teñir de los colores más bonitos del mundo. Así, cuando el mundo imaginario vuelva a llamar a Nacho para que pase allí un rato, lo encontrará tal y como él había querido que fuera. Él y Marcos, porque las mujeres mayores con sombrero han llevado cada una de ellas una planta diferente para plantarlas en aquel lugar. De este modo, cuando Marcos viaje con su hermano, sentirá que aquel mundo también es un poco suyo.

La abuela Enriqueta deja el cactus redondo lleno de pinchos bien plantado en medio del claro donde había estado la jaula (y que ya se habían encargado de desmontar).

–Es un *Echinocactus*, Sauron. No te olvides. Y haremos que sea el más grande del mundo.

Y le guiña un ojo, justo a tiempo de coger al gato y poner rumbo a las lianas. Ya es hora de volver a casa y darse ese baño.

Índice

Elisabet Roig (Barcelona, 1977) es editora de libro de texto y de literatura infantil y juvenil. Estudió Filología y también ha trabajado de traductora y correctora, de bibliotecaria y de librera. Hace ya muchos años que vive en València, junto a la huerta, y siempre que puede encuentra momentos para hacer aquello que más le gusta: inventar historias una tras otra.

Ah, y también cuida de sus perros, su periquito, sus plantas y... sobre todo, pasa el rato con sus hijos, que son el origen de muchas aventuras e ideas alocadas. ¿Sabéis que a ellos nunca, nunca, nunca deja de crecerles el pelo? ¡Tanto que un día incluso se podía meter el brazo enterito dentro de sus melenas...! ¿Qué? ¿No os lo creéis?

Ha publicado varias novelas infantiles llenas de misterio y humor, una novela juvenil, dos novelas para mayores y un libro de poemas.

Este libro es para Gerard y Joel

Mi familia y otros monstruos

Autor: **Francesc Gisbert**

Ilustrador: **César Barceló**

140 páginas, rústica, 14,5 x 20 cm

ISBN: 978-84-16394-71-5

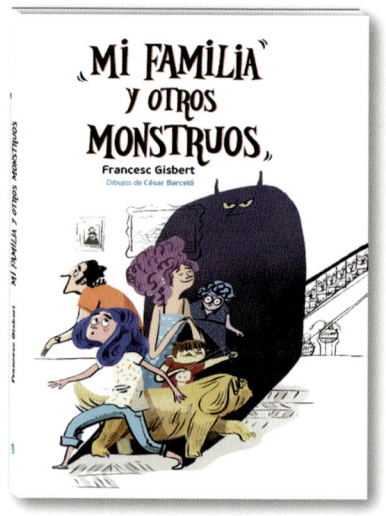

Esta es la historia de Rut y su familia, más pobres que las ratas. Sobreviven como pueden y duermen en una furgoneta. Una noche, descubren una casa misteriosa, la Casa de las Tres Torres, a primera vista abandonada, y deciden instalarse. Aquella casa no se encuentra tan vacía como pensaban y tendrán que aprender a compartirla con otra familia de monstruos. ¿Monstruos y humanos serán capaces de convivir?

Las aventuras de Diania

Autor: **Francesc Gisbert**

Ilustrador: **Javier Lacasta Llácer**

136 páginas, rústica, 14,5 x 20 cm

ISBN: 978-84-19913-29-6

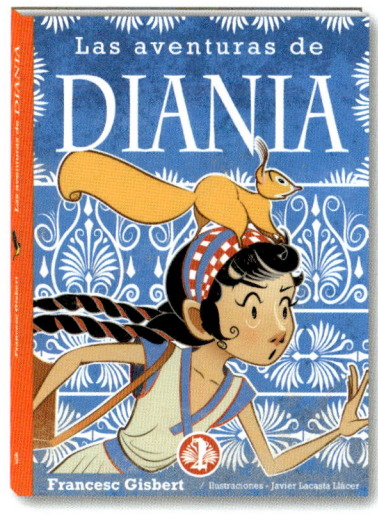

Diania es una joven que vive en la época del Imperio Romano. Cuando se traslada a la capital, la población vive atemorizada por una serie de asesinatos inexplicables. La bruja Selena será la encargada de descubrir el misterio y una extraña maldición. Diania y sus amigos la acompañarán para resolver el enigma. Su vida correrá peligro y se verán inmersos en las intrigas del imperio. Una historia trepidante que te dejará sin aliento de la primera a la última página.